Arbeits- und Sozialrecht
Band 165

Bernd Grzeszick

Sozialkassenverfahren und Verfassungsrecht

Zur Verfassungsmäßigkeit des Gesetzes zur Sicherung der
Sozialkassenverfahren im Baugewerbe sowie der allgemeinverbindlichen
Tarifverträge über das Sozialkassenverfahren im Baugewerbe

 **Nomos**

Onlineversion
Nomos eLibrary

Die Deutsche Nationalbibliothek verzeichnet diese Publikation in
der Deutschen Nationalbibliografie; detaillierte bibliografische
Daten sind im Internet über http://dnb.d-nb.de abrufbar.

ISBN 978-3-8487-7939-0 (Print)
ISBN 978-3-7489-2324-4 (ePDF)

1. Auflage 2020
© Nomos Verlagsgesellschaft, Baden-Baden 2020. Gesamtverantwortung für Druck
und Herstellung bei der Nomos Verlagsgesellschaft mbH & Co. KG. Alle Rechte, auch
die des Nachdrucks von Auszügen, der fotomechanischen Wiedergabe und der Über-
setzung, vorbehalten. Gedruckt auf alterungsbeständigem Papier.

Vorwort

Das Recht der Sozialkasseverfahren hat in der Praxis eine erhebliche Bedeutung. Dennoch hat das Rechtsgebiet, das Elemente des Arbeitsrechts mit sozialen Aspekten verbindet, in der juristischen Fachwelt bislang eher weniger Aufmerksamkeit erlangt. Zwei Entscheidungen des Bundesarbeitsgerichts vom September 2016, die in den zentralen Passagen auf verfassungsrechtlichen Ausführungen beruhen, haben dies in Teilen geändert. Aber auch über die in den Entscheidungen und der folgenden Diskussion angesprochenen Aspekte hinaus stellen sich im Recht der Sozialkasseverfahren verfassungsrechtliche Fragen, die einer näheren Aufarbeitung bedürfen. Dies zu unternehmen, ist der Gegenstand der vorliegenden Publikation, deren Ausgangsfragen durch eine Anfrage aus der Praxis mitangeregt wurden. Die unmittelbar einschlägige Entscheidung des Bundesverfassungsgerichts vom August 2020 erging, nachdem das Manuskript erstellt worden war, konnte aber noch berücksichtigt werden.

Heidelberg, im September 2020.

Bernd Grzeszick

Inhaltsverzeichnis

A. Einleitung

Das Recht der Sozialkasseverfahren hat in den letzten Jahren einige Veränderungen erfahren. Zu diesen Veränderungen gehört zum einen die Angleichung der Versorgungsleistungen in den Tarifgebieten West und Ost: Bei den von sämtlichen erfassten Arbeitgebern zu leistenden Beiträgen wurden die Unterschiede in den Beitragshöhen zurückgefahren und seit 2016 werden zudem Beiträge zur Altersversorgung durch die Tarifrente Bau für Betriebe mit Sitz in den neuen Bundesländern und dem Ostteil des Landes Berlin erhoben.

Zudem sah sich der Gesetzgeber durch zwei Entscheidungen des Bundesarbeitsgerichts zu einem spektakulären Eingriff in die Tarifhoheit der Beteiligten veranlasst. Die Entscheidungen betreffen die Praxis, nach der regelmäßig der jeweils aktuelle Tarifvertrag über das Sozialkassenverfahren im Baugewerbe durch eine Allgemeinverbindlicherklärung auf Tarifvertragsaußenseiter erstreckt wird. Für die Jahre 2008, 2010 und 2014 wurden die entsprechenden Allgemeinverbindlicherklärungen der Tarifverträge aber in zwei Beschlüssen des Bundesarbeitsgerichts vom 21. September 2016 für unwirksam erklärt. Grund für die Verwerfung der Allgemeinverbindlicherklärung war zum einen, dass das Bundesarbeitsgericht im Rahmen der gesetzlichen Voraussetzungen einer Allgemeinverbindlicherklärung bei der Berechnung des unter den Geltungsbereich des Tarifvertrags fallenden Arbeitnehmeranteils eine sorgfältige Schätzung unter Ausschöpfung aller greifbaren Erkenntnismittel, die eine möglichst genaue Auswertung des verwertbaren statistischen Materials gewährleisten, verlangte, die aber in den streitgegenständlichen Allgemeinverbindlicherklärungen nicht erfolgt war. Zum anderen leitete das Bundesarbeitsgericht aus den Grundsätzen des Demokratieprinzips und des Rechtsstaatsprinzips die Anforderung ab, dass der zuständige Minister für Arbeit und Soziales sich so mit einer Allgemeinverbindlicherklärung befassen muss, dass deren Billigung aktenkundig verdeutlicht ist; bei den Allgemeinverbindlicherklärungen der Tarifverträge 2008 und 2010 war auch diese Voraussetzung nicht erfüllt.

Auf die beiden Entscheidungen des Bundesarbeitsgerichts reagierte der Gesetzgeber, indem er die für das Sozialkasseverfahren einschlägigen Rechtsnormen derjenigen Tarifverträge, die dem Sozialkasseverfahren zugrunde lagen, beginnend mit dem 1. Januar 2006 durch das Gesetz zur Sicherung der Sozialkassenverfahren im Baugewerbe unmittelbar und im Wege einer statischen Verweisung für alle Arbeitgeber als verbindlich anordnete. Dies ist in zweifacher Hinsicht bemerkenswert: Die Tarifbedingungen werden vom Gesetzgeber unmittelbar bestimmt, und dies erfolgt zudem mit Rückwirkung auf einen längst vergangenen Zeitraum. Dementsprechend tauchte rasch die Frage auf, ob ein solches Vorgehen des Gesetzgebers mit der Verfassung vereinbar ist.

Hinzu kommen weitere Bedenken gegen das Sozialkasseverfahren, die ihren Grund auch darin haben, dass die Realität des Wirtschaftslebens im Bereich des Gebäudewesens in den letzten Jahren erhebliche Änderungen und Umbrüche erfahren hat, denen die Regelungen der Sozialkasseverfahren insbesondere in der von der Rechtsprechung vorgenommenen Auslegung nicht mehr gerecht werden.

Die vorstehend angeführten Aspekte haben daher insgesamt dazu geführt, dass die Regelungen sowohl des Gesetzes zur Sicherung der Sozialkassenverfahren im Baugewerbe als auch der allgemeinverbindlichen Tarifverträge über das Sozialkassenverfahren im Baugewerbe in den genannten Teilen einer verfassungsrechtlichen Prüfung bedürfen. Diese bildet den Gegenstand der folgenden Untersuchung. Der einschlägige Nichtannahmebeschluss des Bundesverfassungsgerichts vom 11. August 2020 erging zwar, nachdem das Manuskript erstellt worden war, konnte aber noch berücksichtigt werden.

B. Fragestellung und Aufbau der Untersuchung

Die Untersuchung erörtert die Verfassungsmäßigkeit des Gesetzes zur Sicherung der Sozialkassenverfahren im Baugewerbe (im Folgenden: SoKa-SiG) sowie die Verfassungsmäßigkeit der Regelungen des allgemeinverbindlichen Tarifvertrags über das Sozialkassenverfahren im Baugewerbe (im Folgenden: VTV) zur Differenzierung der Sozialkassenbeiträge nach Gebieten und zur Reichweite des betrieblichen Anwendungsbereichs.

Dazu werden zunächst Gegenstand sowie Kontext der verfassungsrechtlichen Prüfungen dargelegt (C.).

Sodann wird untersucht, ob die durch das SoKaSiG erfolgenden rückwirkenden Eingriffe in die Rechtspositionen der Betroffenen mit den einschlägigen Freiheitsgrundrechten (D.) und den Rückwirkungsgrenzen (E.) vereinbar sind.

Weiter wird den Fragen nachgegangen, ob die Sozialkassenbeiträge nach Gebieten mit dem Gleichheitssatz vereinbar sind (F.), und ob der weite betriebliche Anwendungsbereich mit Blick auf den Gleichheitssatz bzw. das Kohärenzgebot gerechtfertigt ist (G.).

Unter den beiden letztgenannten Aspekten wird zudem die Verfassungsmäßigkeit der entsprechenden Regeln des für allgemeinverbindlich erklärten VTV untersucht (H.).

Die Untersuchung schließt mit einer kurzen Zusammenfassung der Ergebnisse (I.)

C. Gegenstand und Kontext der verfassungsrechtlichen Prüfung

Gegenstand der verfassungsrechtlichen Prüfung sind das SoKaSiG sowie die Regelungen der für allgemeinverbindlich erklärten VTV zur Bestimmung des betrieblichen Anwendungsbereichs und zur Differenzierung der Sozialkassenbeiträge nach Gebieten.

I. Regelungen des VTV zur betrieblichen Reichweite

Die betriebliche Reichweite des VTV wird u.a. durch den dabei verwendeten Baubegriff bestimmt. Der VTV erfasst insoweit u.a. das Erstellen von Bauten i.S.v. § 1 Abs. 2 Abschnitt I VTV, und das Erbringen von baulichen Leistungen, die der Erstellung, Instandsetzung, Instandhaltung, Änderung oder Beseitigung von Bauwerken im eigentlichen Sinne dienen i.S.v. § 1 Abs. 2 Abschnitt II VTV.

Diese Voraussetzungen werden in der ständigen Rechtsprechungspraxis des Bundesarbeitsgerichts sehr weit ausgelegt. Die Regelung des § 1 Abs. 2 Abschnitt VII VTV wird dabei so verstanden, dass damit Betriebe des Ausbaugewerbes vom Geltungsbereich wieder ausgenommen werden. Insoweit prüft das Bundesarbeitsgericht die bauliche Prägung nicht mehr als eigenes Tatbestandsmerkmal. Nach der Rechtsprechung des Bundesarbeitsgerichts ist die bauliche Prägung der Arbeiten des Ausbaugewerbes automatisch immer vorhanden, weil diese „auch" zu denjenigen des Baugewerbes gehören. Vielmehr ist erforderlich, dass der Charakter der überwiegend ausgeführten Tätigkeiten ermittelt wird. Die Abgrenzung richtet sich insbesondere danach, ob die „Sowohl-als-auch-Tätigkeiten" von Fachleuten des ausgenommenen Gewerks angeleitet und verrichtet werden. Werden sie von Fachleuten eines Baugewerbes oder von ungelernten Arbeitskräften durchgeführt, ist regelmäßig eine Ausnahme vom Geltungsbereich des VTV abzulehnen[1].

Der Ausnahmekatalog des § 1 Abs. 2 Abschn. VII VTV wird dagegen eng gehandhabt. Die Regelung setzt nach Ansicht des Bundesarbeitsgerichts

---

[1] So jüngst BAG, NZA 2019, 1508, 1509 Rn. 27 m.N.

17

voraus, dass arbeitszeitlich zu mehr als der Hälfte der Gesamtarbeitszeit Tätigkeiten ausgeübt werden, die einem der Tatbestände des Ausnahmekatalogs zuzuordnen sind. Bezugsgröße ist dabei zwar einerseits die Gesamtarbeitszeit; verschiedenen Ausnahmetatbeständen zuzuordnende Tätigkeiten sind aber andererseits nach Ansicht des Bundesarbeitsgerichts nicht zusammenzurechnen[2].

Die Darlegungs- und Beweislast dafür, dass die restriktiven Voraussetzungen der Ausnahme vorliegen, trägt der sich auf die Ausnahme berufende Arbeitgeber. Erforderlich ist der Vortrag von Tatsachen, die den Schluss zulassen, dass die beschäftigten Arbeitnehmer im jeweiligen Kalenderjahr zu mehr als 50 % ihrer Arbeitszeit eine der Tätigkeiten ausgeführt haben, die in § 1 Abs. 2 Abschn. VII VTV genannt sind[3].

Das Zusammenspiel des weiten, funktionalen Baubegriffs mit den eng verstandenen Ausnahmetatbeständen führt dazu, dass nicht baugewerbliche Handwerke zu einem großen Teil vom VTV erfasst werden. Da nach Ansicht des Bundesarbeitsgerichts verschiedenen Ausnahmetatbeständen zuzuordnende Tätigkeiten nicht zusammenzurechnen sind, sondern getrennt behandelt werden müssen, können Arbeitgeber dem betrieblichen Geltungsbereich des VTV selbst dann unterfallen, wenn zwar der ganz überwiegende Teil der Arbeitszeit Tatbeständen des Ausnahmekatalogs zuzuordnen ist, dabei aber nicht mehr als die Hälfte der Gesamtarbeitszeit auf einen Ausnahmetatbestand entfällt.

II. Regelungen des VTV zur Differenzierung der Sozialkassenbeiträge nach Gebieten

Die Regelungen des VTV unterscheiden bei den von den Arbeitgebern zu leistenden Beiträgen nach Gebieten.

§ 15 Abs. 1 bis 3 VTV 2018[4] differenziert zwischen den Tarifgebieten Deutschland-West, Berlin-West, Berlin-Ost und Deutschland-Ost. Die Unterschiede sind relativ und absolut ganz erheblich, wie die folgende, nach Jahren gegliederte Übersicht zeigt: 2018 D-West 3,8 – D-Ost 0,6; 2019 D-West 3,0 – D-Ost 1,0; 2020 D-West 3,0 – D-Ost 1,1; 2021 D-West 3,0 – D-Ost 1,1; 2022 D-West 3,2 – D-Ost 1,1.

---

2 BAG, NZA 2019, 1508, 1509 Rn. 30 m.N.
3 BAG, NZA 2019, 1503, 1505 f. Rn. 25.
4 In neuer Fassung vom 28. September 2018, in Kraft ab 1. Januar 2019.

Beiträge zur Altersversorgung durch die Tarifrente Bau für Betriebe mit Sitz in den neuen Bundesländern und dem Ostteil des Landes Berlin werden zudem erst seit 2016 erhoben; zu diesem Zeitpunkt wurde das System von einer umlagefinanzierten Rentenbeihilfe auf eine kapitalgedeckte Zusatzversorgung umgestellt.

III. AVE des VTV und SoKaSiG

Der jeweils aktuelle VTV wurde und wird regelmäßig durch eine Allgemeinverbindlicherklärung (im Folgenden: AVE) auf Tarifvertragsaußenseiter erstreckt.

Die AVE des VTV für die Jahre 2008, 2010 und 2014 wurden allerdings in zwei Beschlüssen des Bundesarbeitsgerichts vom 21. September 2016 für unwirksam erklärt[5].

Grund für die Verwerfung der AVE war zum einen, dass das Bundesarbeitsgericht im Rahmen der gesetzlichen Voraussetzungen einer AVE bei der Berechnung des unter den Geltungsbereich des Tarifvertrags fallenden Arbeitnehmeranteils eine sorgfältige Schätzung unter Ausschöpfung aller greifbaren Erkenntnismittel, die eine möglichst genaue Auswertung des verwertbaren statistischen Materials gewährleisten, verlangte, die aber in den streitgegenständlichen AVE nicht erfolgt war.

Zum anderen leitete das Bundesarbeitsgericht aus den Grundsätzen des Demokratieprinzips und des Rechtsstaatsprinzips die Anforderung ab, dass der zuständige Minister für Arbeit und Soziales sich so mit einer AVE befassen muss, dass deren Billigung aktenkundig verdeutlicht ist; bei den AVE der VTV 2008 und 2010 war auch diese Voraussetzung nicht erfüllt.

Hinsichtlich der Folgen des Entscheidungsausspruchs stellte das Bundesarbeitsgericht fest, dass rechtskräftig abgeschlossene Verfahren nicht berührt werden, da die Beschlüsse keinen Wiederaufnahmegrund im Sinne von § 580 ZPO darstellen.

Ob in Folge der Unwirksamkeit der AVE Rückforderungsansprüche zwischen den am Sozialkassenverfahren Beteiligten bestehen, und wie mit diesen rechtlich umzugehen ist, war dagegen vom Bundesarbeitsgericht laut insoweit expliziter Pressemitteilung des Gerichts[6] offengelassen worden.

---

5 BAGE 156, 231 ff. sowie 289 ff.; jüngst bestätigt durch BVerfG, NZA 2020, 253 ff.
6 BAG, Pressemitteilung Nr. 50/16 letzter Satz vor der Wiedergabe des Entscheidungstenors.

Auf die beiden Entscheidungen des Bundesarbeitsgerichts reagierte der Gesetzgeber rasch. Bereits am 13. Dezember 2016 brachten die Regierungsfraktionen einen Entwurf des SoKaSiG in den Bundestag ein[7]. Der dem Entwurf entsprechende Regelungsgehalt des SoKaSiG besteht darin, dass die für das Sozialkasseverfahren einschlägigen Rechtsnormen derjenigen Tarifverträge, die dem Sozialkasseverfahren zugrunde lagen, beginnend mit dem 1. Januar 2006 durch das Gesetz im Wege einer statischen Verweisung für alle Arbeitgeber als verbindlich angeordnet werden sollen. Dies soll unabhängig davon erfolgen, ob die Tarifverträge, auf deren Rechtsnormen verwiesen wird, wirksam abgeschlossen wurden (§ 10 SoKaSiG-E).

Betroffen sind die Rechtsnormen zur Berufsbildung (§§ 1, 5 SoKaSiG-E), zur zusätzlichen Altersversorgung (§ 2 SoKaSiG-E), zu den Urlaubsregelungen (§ 3 f. SoKaSiG-E), zur Sozialaufwandserstattung (§ 6 SoKaSiG-E), zum Sozialkasseverfahren (§ 7 SoKaSiG-E) und zum Meldeverfahren (§ 8 SoKaSiG-E). Die durch das SoKaSiG in Bezug genommenen und in Wirksamkeit gesetzten Tarifverträge sollen durch Kündigung, Aufhebung, Änderung oder – auch teilweise – Ablösung durch einen anderen Tarifvertrag beendet werden können (§ 9 SoKaSiG-E). Hinzu kommen Regelungen zum Anwendungsbereich (§ 10 SoKaSiG-E) sowie zur zivilrechtlichen Durchsetzung (§ 12 SoKaSiG-E). Schließlich soll die Möglichkeit der Allgemeinverbindlichkeitserklärung unberührt bleiben (§ 13 SoKaSiG-E).

Das SoKaSiG dient laut seiner Begründung dem Ziel, den Fortbestand der Sozialkassenverfahren des Baugewerbes zu sichern[8]. Das Gesetz beruhe darauf, dass in Folge der beiden Entscheidungen des Bundesarbeitsgerichts mit einer Inanspruchnahme der Sozialkassen auf Rückzahlung von Beiträgen gerechnet werde, wodurch die Funktionsfähigkeit der Sozialkassen gefährdet werden könne[9]. Den nicht wirksamen Zahlungsverpflichtungen aus den vergangenen, unwirksamen AVE solle durch das SoKaSiG zur Wirksamkeit verholfen werden. Indem das SoKaSiG die Tarifverträge legitimiere, deren AVE unwirksam seien, schaffe es eine eigenständige Rechtsgrundlage für die Sozialkassenverfahren[10]. Das Gesetz schaffe damit auch einen Rechtsgrund für das Behaltendürfen der eingezogenen Beiträge i.S.v. §§ 812 ff. BGB[11].

---

7 BT-Drs. 18/10631.
8 BT-Drs. 18/10631, 1.
9 BT-Drs. 18/10631, 2.
10 BT-Drs. 18/10631, 3.
11 BT-Drs. 18/10631, 1, 3.

Der Gesetzesentwurf war Gegenstand einer am 23. Januar 2017 durchgeführten öffentlichen Anhörung des Ausschusses für Arbeit und Soziales[12]. Soweit dabei in den das Gesetz stützenden Stellungnahmen Zahlen zum Wert bzw. Umfang der Beiträge und Leistungen zu den Sozialkasseverfahren sowie der möglicherweise anstehenden Rückabwicklungen genannt wurden, waren diese durchweg entweder auf die Gesamtsummen aller Beteiligten und deren Ansprüche bzw. Leistungen bezogen, statt auf die Werte bzw. Summen der möglichen Rückabwicklungsansprüche abzustellen, oder beruhten auf pauschalen und nicht weiter differenzierten Beispielsfällen und entsprechenden Höchstsummen. Weiter spezifizierte oder gar bezifferte Einschätzungen des konkreten Umfangs der möglichen Ansprüche erfolgten nicht. Auch die Fragen nach den Einzelheiten der rechtlichen Grundlagen und Grenzen sowie der tatsächlichen Durchsetzbarkeit der Rückabwicklungsansprüche wurden nicht weiter vertieft.

Dennoch empfahl der Ausschuss am 25. Januar 2017 mit Mehrheit die unveränderte Annahme des Gesetzesentwurfes[13]. Das geschah nach der zweiten und dritten Lesung am 26. Januar 2017[14]. Der Entwurf wurde am 10. Februar 2017 im Bundesrat beraten, und ein Antrag auf Einberufung des Vermittlungsausschusses nicht gestellt[15]. Das Gesetz wurde am 24. Mai 2017 verkündet[16], und trat am 25. Mai 2017 in Kraft.

Jenseits der Regelungen des SoKaSiG blieb und bleibt es dabei, dass die Regelungen der VTV gegenüber den Tarifvertragsaußenseitern regelmäßig durch eine AVE Geltung erlangen.

---

12 Materialien als Ausschussdrucksache 18(11)902 vom 19. Januar 2017.
13 BT-Drs. 18/11001.
14 BT-Plenarprot. 18/21583 ff.
15 BR-Drs. 54/17.
16 BGBl I S. 1210.

D. Freiheitsgrundrechtliche Aspekte des SoKaSiG

Das SoKaSiG ordnet die Verbindlichkeit der erfassten und seit dem 1. Januar 2006 für allgemein verbindlich erklärten Tarifverträge, die den Sozialkasseverfahren zugrunde liegen, an. Damit werden die Rechtspflichten, die durch die AVE der VTV eintreten sollten, in Folge der vom Bundesarbeitsgericht festgestellten Unwirksamkeit der AVE aber nicht eingetreten sind, nun unmittelbar durch das SoKaSiG herbeigeführt. Zu diesen Rechtsfolgen gehört insbesondere die Pflicht der Arbeitgeber zur Zahlung von Beiträgen.

I. Koalitionsfreiheit

Indem das SoKaSiG Arbeitgeber verpflichtet, sich in der Sache an die Vorgaben eines Tarifvertrags zu halten, der sie weder unmittelbar bindet noch durch eine AVE verbindlich geworden ist, könnte es in die Koalitionsfreiheit dieser Arbeitgeber eingreifen.

1. Eigenständige Pflichten durch SoKaSiG

Dies wäre der Fall, wenn das SoKaSiG eigenständige Pflichten begründet, die die Koalitionsfreiheit beeinträchtigen. Dabei ist zu beachten, dass tarifgebundene Arbeitgeber bereits durch die einschlägigen Tarifverträge – deren Wirksamkeit unterstellt – an deren Regeln einschließlich der SoKa-Beitragszahlungspflichten gebunden sind.

Bei nicht tarifgebundenen Arbeitnehmern kann es sein, dass sie zur Beitragsleistung bereits aufgrund älterer Fassungen des VTV und deren damaliger AVE verpflichtet sind, da zum Teil vertreten wird, dass diese Tarifverträge weiter gelten, soweit keine andere wirksame AVE oder anderweitige Ablösung erfolgt ist[17]. Allerdings bewirkt das SoKaSiG in dieser Konstellation insoweit eine neue und eigenständige Belastung, als die Beiträge nun höher sein können.

---

17 Dazu *Emmert*, DB 2016, 2669; *Berndt*, DStR 2017, 1166, 1168.

Für nicht tarifgebundene Arbeitgeber, die zuvor auch nicht von einer (wirksamen) AVE des VTV erfasst wurden, begründen die Regelungen des SoKaSiG umfängliche originäre Pflichten[18].

2. Auswirkungen auf die Koalitionsfreiheit der Außenseiter

a) Negative Koalitionsfreiheit

Durch diese Pflichten wird die negative Koalitionsfreiheit der Außenseiter wohl deshalb nicht berührt, weil von einer rückwirkenden gesetzlichen Verweisung kein aktueller Beitrittsdruck ausgehen dürfte[19]. Ob darüber hinaus der von einer gesetzlichen Verweisung auf Tarifverträge ausgehende Beitrittsdruck auf Außenseiter grundsätzlich als Eingriff in die negative Koalitionsfreiheit gesehen werden kann, kann daher hier offenbleiben.

Der Vollständigkeit halber sei aber darauf hingewiesen, dass dies entgegen der – beiläufigen und kursorischen – Darstellung im Beschluss des Bundesverfassungsgerichts vom 10. September 1991[20] in der grundlegenden Entscheidung des Bundesverfassungsgerichts vom 15. Juli 1980[21] nicht ausgeschlossen wurde, denn dort wurde eine Verletzung der Koalitionsfreiheit abgelehnt, was mit der Ablehnung eines Eingriffs nicht identisch ist und nach dem Duktus der Entscheidung auch nicht gleichgesetzt werden kann. Insoweit ist der in der Entscheidung des Bundesverfassungsgerichts vom 10. September 1991[22] enthaltene Hinweis auf die Entscheidung des Bundesverfassungsgerichts vom 15. Juli 1980[23] in der Sache unzutreffend.

Im Nichtannahmebeschluss des Bundesverfassungsgerichts vom 11. August 2020 positioniert das Gericht sich nun explizit: Mit dem Argument, dass allein dadurch, dass jemand den Vereinbarungen fremder Tarifvertragsparteien unterworfen wird, ein spezifisch koalitionsrechtlich geschütztes Recht nicht betroffen sei, lehnt es einen Eingriff in die negative Koalitionsfreiheit ab[24].

---

18 *Emmert*, DB 2016, 2669.
19 *Engels*, NZA 2017, 680, 682 f. m.w.N.
20 BVerfG, NZA 1992, 125.
21 BVerfGE 55, 7, 22.
22 BVerfG, NZA 1992, 125.
23 BVerfGE 55, 7, 22.
24 BVerfG 1 BvR 2654/17 v. 11. August 2020, Rn. 33 m.N. zur Rspr. d. BVerfG.

b) Positive Koalitionsfreiheit

Allerdings kann die positive Koalitionsfreiheit der Außenseiter betroffen sein, weil der Abschluss neben dem SoKaSiG stehender, eigenständiger Tarifvereinbarungen für die potentiell Beteiligten wenig sinnvoll und realistisch ist.

Zwar sieht § 9 Satz 1 SoKaSiG vor, dass ein durch das SoKaSiG in Bezug genommener Tarifvertrag ganz oder teilweise gekündigt, aufgehoben, geändert oder durch andere tarifvertragliche Vereinbarungen abgelöst werden kann[25]. Diese Möglichkeit ist aber nach § 9 Satz 1 SoKaSiG grundsätzlich den Tarifvertragsparteien vorbehalten und greift daher nicht zugunsten der Außenseiter. Die vom BVerfG angenommene Perspektive, dass die Regelung des § 9 SoKaSiG als eine gesetzgeberische Entscheidung anzusehen ist und nicht als Ausdruck der Regelungsmacht der Tarifvertragsparteien[26], steht dem nicht entgegen, denn diese Perspektive ist auf die Verbindlichkeit der tarifvertraglichen Regelungen durch die Tarifnormerstreckung bezogen[27], nicht dagegen auf die Möglichkeit der Veränderung eines in Bezug genommenen Tarifvertrags.

Selbst falls § 9 Satz 1 SoKaSiG die Möglichkeit einer Ablösung eines in Bezug genommenen Tarifvertrags durch einen neuen, unter Beteiligung der früheren Außenseiter zustande gekommenen Tarifvertrags einräumt, bleibt es bei einem Eingriff in die positive Koalitionsfreiheit der Außenseiter. Denn dass diese Möglichkeit der rechtlichen Öffnung der Vorgaben des SoKaSiG angesichts der gesetzlichen Regelungen des SoKaSiG und zudem für eine zurückliegende Zeit den vom SoKaSiG Betroffenen eine effektive Möglichkeit zu eigenständigem Handeln eröffnet, ist mehr als fraglich. Mit Blick auf die ja sonst greifenden Regelungen des SoKaSiG ist kaum vorstellbar, dass eine Einigung auf abweichende Regelungen mit Rückwirkung zustande kommt. Die durch § 9 Satz 1 SoKaSiG einfachrechtlich eingeräumte Möglichkeit, die Arbeits- und Wirtschaftsbedingungen autonom zu regeln, ist daher in der praktischen Wahrnehmbarkeit und damit Wirkung so sehr eingeschränkt, dass sie die durch das SoKaSiG bewirkte Beschränkung der Koalitionsfreiheit nicht vollständig kompensiert.

---

25 Darauf verweisend *Engels*, NZA 2017, 680, 683.
26 BVerfG 1 BvR 2654/17 v. 11. August 2020, Rn. 34.
27 Dazu deutlich BVerfG 1 BvR 2654/17 v. 11. August 2020, Rn. 34: „Allein der Geltungsbefehl des demokratisch legitimierten Gesetzgebers ist maßgeblich für die Tarifnormerstreckung".

Es verbleibt damit ein ganz erheblicher mittelbarer Druck auf die Außenseiter, sich zumindest an den Regelungen des SoKaSiG zu orientieren. Im Bereich der Koalitionsfreiheit kann auch mittelbarer Druck einen Eingriff darstellen[28]. In der vorliegenden Konstellation ist wegen der besonderen Konstellation der Rückwirkung der Druck auf die Außenseiter im Ergebnis so groß, dass der Abschluss neben dem SoKaSiG stehender, eigenständiger Tarifvereinbarungen nicht realistisch ist. Die Regelungen des SoKaSiG enthalten demnach einen Eingriff in die positive Koalitionsfreiheit der Außenseiter.

II. Eigentum

Art. 14 Abs. 1 GG erfasst mit seinem Schutzbereich grundsätzlich jede vermögenswerte Rechtsposition, die durch privatrechtliche Normen dem Einzelnen auf eine Art und Weise zugeordnet ist, dass er die damit verbundenen Befugnisse nach eigenverantwortlicher Entscheidung zu seinem privaten Nutzen ausüben darf[29]. Hierunter fallen auch Ansprüche und Forderungen privatrechtlicher Natur[30].

1. Auswirkungen auf Rückabwicklungsansprüche

Mit Blick darauf greift das SoKaSiG insoweit in Art. 14 GG ein, als in Folge der Unwirksamkeit der AVE entstandenen Ansprüche aus der Rückabwicklung der Leistungsbeziehungen durch das SoKaSiG ausgeschlossen werden. Da die Tarifparteien bereits unmittelbar aus den Tarifverträgen – deren Wirksamkeit unterstellt – verpflichtet sind und bleiben, treten diese Eingriffe bei den Außenseitern auf.

2. Zahlungspflichten und Gewerbebetrieb

Zudem können die durch das SoKaSiG originär begründeten Zahlungspflichten der nicht unmittelbar an die Tarifverträge gebundenen Arbeitgeber möglicherweise in Art. 14 GG eingreifen.

---

28 Dazu – die negative Koalitionsfreiheit betreffend – BVerfGE 55, 7, 22.
29 BVerfGE 112, 93, 107; 97, 350, 371; 126, 331, 358.
30 BVerfGE 68, 193, 222.

Das SoKaSiG verpflichtet die betroffenen Arbeitgeber, die nicht unmittelbar tarifvertragsgebunden sind, u.a. zur Zahlungen von Beiträgen, für deren Zahlung sonst keine Rechtspflicht bestünde. Beitragspflichten sind Geldleistungspflichten. Diese greifen im Regelfall nicht auf bestimmte Eigentumsrechte zu, da sie dem Verpflichteten überlassen, wie dieser die Leistung bewirkt. Anknüpfungspunkt für den Schutz des Schuldners durch Art. 14 GG kann daher nur dessen Vermögen sein. Das Vermögen als solches ist zwar nach der ständigen Rechtsprechung des Bundesverfassungsgerichts und weit überwiegenden Auffassung der Literatur durch Art. 14 Abs. 1 GG gerade nicht geschützt[31].

Anders mag dies allerdings sein bei erdrosselnd bzw. enteignend wirkenden Geldzahlungspflichten, die im Ergebnis zum Verkauf bestimmter Eigentumspositionen zwingen bzw. zur Aufgabe eines eingerichteten und ausgeübten Gewerbebetriebs, soweit dieser als eigenständige eigentumsrechtliche Rechtsposition anerkannt wird[32]. Soweit diese Wirkung in der vorliegenden Konstellation auftritt, was insbesondere bei kleineren Unternehmen der Fall sein kann, kann ein Eingriff in Art. 14 GG vorliegen.

III. Berufsfreiheit

Das SoKaSiG verpflichtet die betroffenen Arbeitgeber, die nicht unmittelbar tarifvertragsgebunden sind, unter anderem zur Zahlung von Beiträgen, für deren Zahlung sonst keine Rechtspflicht bestünde. Damit könnte ein Eingriff in die Freiheit der Berufsausübung der Arbeitgeber vorliegen.

1. Berufsfreiheit berührt

Die Berufsfreiheit erfasst in sachlicher Hinsicht jede auf eine gewisse Dauer angelegte, der Schaffung oder Erhaltung einer Lebensgrundlage dienende Tätigkeit[33]. Dabei gewährleistet die Berufsausübungsfreiheit die Gesamtheit der mit der Berufstätigkeit, ihren Inhalten, ihrem Umfang, ihrer Dauer, ihrer äußeren Erscheinungsform, ihren Verfahrensweisen und ihren Instrumenten zusammenhängenden Modalitäten der beruflichen Tä-

---

31 BVerfGE 78, 232, 243; 91, 207, 220; *Jarass*, in: Jarass/Pieroth, GG, 15. Aufl. 2018, Art. 14 Rn. 5.
32 Vgl. dazu *Wendt*, in: Sachs, GG, 8. Aufl. 2018, Art. 14 Rn. 47 ff. m.N.
33 Vgl. BVerfGE 105, 252, 265; 115, 276, 300.

tigkeit. Berührt könnte der Schutzbereich insoweit sein, als die durch das SoKaSiG begründeten Geldleistungspflichten der Arbeitgeber in die spezifisch durch Art. 12 GG geschützten beruflichen Tätigkeiten eingreifen.

2. Berufsregelnde Tendenz

Im Bereich der Berufsfreiheit genügt nicht jede nachteilige Auswirkung, um einen Eingriff darzustellen. Vielmehr ist eine gesteigerte Nähe zur beruflichen Tätigkeit erforderlich, die erreicht wird, falls eine Regelung entweder gezielt bzw. unmittelbar die berufliche Tätigkeit begrenzt, oder zwar nur mittelbare Auswirkungen hat, die aber immer noch in einem hinreichend engen Zusammenhang mit der Ausübung des Berufes stehen und die berufliche Tätigkeit durch die Regelung nennenswert behindert bzw. beeinträchtigt wird[34].

Dabei ist in der Rechtsprechung anerkannt, dass auch zivilrechtliche Regelungen und deren Handhabung berufsregelnden Gehalt haben können, soweit die betroffenen Konstellationen jeweils ein spezifisches, berufsbezogenes Gepräge haben[35].

Fehlt ein spezifischer Berufsbezug, liegt ein Eingriff in die Berufsfreiheit auch dann nicht vor, falls es sich um eine interessenausgleichende Norm des Privatrechts handelt[36]. Die Regelungen des allgemeinen Zivilrechts werden deshalb grundsätzlich nicht an Art. 12 GG gemessen. Das Bundesverfassungsgericht geht dabei davon aus, dass die zivilrechtlichen Folgen von Verträgen und deliktischen Handlungen unabhängig davon eintreten, ob die Voraussetzungen bei Ausübung des Berufs erfüllt werden oder nicht, und die entsprechenden Normen nicht zu denjenigen gehören, die nicht nur in Randbereichen auch nicht berufsmäßig Handelnde betreffen[37].

Mit Blick auf diese Voraussetzungen kann in der vorliegenden Konstellation Art. 12 GG einschlägig sein. Das SoKaSiG und dessen Folgen sind zwar grundsätzlich dem Bereich des Zivilrechts, genauer: Arbeitsrechts zu-

---

34 Vgl. dazu nur *Jarass*, in: Jarass/Pieroth, GG, 15. Aufl. 2018, Art. 12 Rn. 14 f.; *Mann*, in: Sachs, GG, 8. Aufl. 2018, Art. 12 Rn. 93 ff.; jew. m.w.N.

35 Vgl. zum Beispiel BVerfGE 109, 64, 85 sowie BVerfGE 116, 202, 221 zu Regelungen für Arbeitsverträge; BVerfGE 83, 1, 13 sowie BVerfGE 101, 331, 347 zu beruflichen Vergütungsregelungen; BVerfGE 88, 145, 159 zur Durchsetzung von beruflichen Vergütungsansprüchen im Konkurs.

36 BVerfGE 31, 255, 265 zu urheberrechtlichen Vergütungsansprüchen.

37 BVerfGE 96, 375, 397.

zuordnen. Auch hat das Bundesverfassungsgericht in einer frühen Entscheidung abgelehnt, SoKa-Beitragspflichten an Art. 12 GG zu messen[38].

Allerdings haben Literatur und zum Teil auch die Rechtsprechung des Bundesverfassungsgerichts in den letzten Jahren zunehmende Sensibilität dafür gezeigt, dass auch formal neutrale und allgemeine Regelungen sich so auf die Berufsfreiheit auswirken können, dass sie an Art. 12 GG zu messen sind[39]. Dass das SoKaSiG kein allgemeines Zivilrecht ist, sondern spezifisch und ausschließlich an die Eigenschaft als Arbeitgeber und Arbeitnehmer anknüpft, spricht daher dafür, dass die Regelungen des SoKaSiG einschließlich der Beitragspflichten eine berufsregelnde Tendenz haben.

Der Nichtannahmebeschluss des Bundesverfassungsgerichts vom 11. August 2020 lässt die Frage, welche Grundrechte insoweit konkret einschlägig sind, offen[40], erwähnt aber bei der Herleitung der Rückwirkungsgrenzen explizit auch Art. 12 Abs. 1 GG[41], woraus gefolgert werden kann, dass zumindest nicht ausgeschlossen ist, dass das SoKaSiG den Schutz der Berufsfreiheit auslöst.

IV. Allgemeine Handlungsfreiheit

Der durch die allgemeine Handlungsfreiheit vermittelte Schutz der Arbeitgeber vor den durch das SoKaSiG auferlegten Zahlungspflichten[42] tritt zurück, soweit speziellere Grundrechte Schutz vermitteln.

V. Eingriffsrechtfertigung und Rückwirkung

Als Eingriffsrechtfertigung wird in der Gesetzesbegründung der Fortbestand der Sozialkassenverfahren des Baugewerbes angeführt. Diese Rechtfertigung ist vor allem deshalb problematisch, weil das SoKaSiG Rechts-

---

38 BVerfGE 55, 7, 25 f. Dem für das SoKaSiG folgend BAG, NZA 2019, 552, 557 f. Rn. 55.
39 Vgl. dazu *Mann*, in: Sachs, GG, 8. Aufl. 2018, Art. 12 Rn. 93 ff., insbes. 98, jew. m.N. Aus der Rechtsprechung zum Beispiel BVerfGE 109, 64, 85, wonach eine berufsregelnde Tendenz bei den das Arbeitsverhältnis inhaltlich ausgestaltenden Geldleistungspflichten nicht erforderlich ist.
40 BVerfG 1 BvR 2654/17 v. 11. August 2020, Rn. 27 erster Satz.
41 BVerfG 1 BvR 2654/17 v. 11. August 2020, Rn. 15 erster Satz.
42 Dazu die Erwähnung von Art. 2 Abs. 1 GG in BVerfG 1 BvR 2654/17 v. 11. August 2020, Rn. 15 erster Satz.

pflichten mit Bezug auf einen zeitlich zurückliegenden Sachverhalt begründet, also mit Rückwirkung. Da diese bei sämtlichen der vorstehend erörterten Grundrechte auftritt, wird im Folgenden nicht nach einzelnen Grundrechten differenziert.

Sollte in der vorliegenden Konstellation insbesondere wegen der aus der Unwirksamkeit der AVE folgenden Rückabwicklungsansprüche der Außenseiter ein Schutz durch Art. 14 GG angenommen werden, ist allerdings zu beachten, dass die sogleich weiter ausgeführten Grundsätze zur Rückwirkung von Rechtsänderungen nach Ansicht des Bundesverfassungsgerichts im Bereich von Art. 14 GG durch den grundrechtlichen Eingriffsschutz verdrängt werden[43], wobei die inhaltlichen Anforderungen an die Rückwirkung in der Sache grundsätzlich gleich ausfallen[44].

Eine Übertragung dieser Handhabung auf weitere Grundrechte ist allerdings in der Sache vom Bundesverfassungsgericht durch eine deutlich getrennte Handhabung der Prüfungsmaßstäbe mehrfach abgelehnt worden[45].

---

43 BVerfGE 71, 1, 11 f.; 75, 78, 104 f.; 76, 220, 244 f.; 101, 239, 257; 122, 374, 391 f.
44 BVerfGE 64, 84, 104; 95, 64, 86; 122, 374, 391 ff.
45 BVerfGE 72, 175, 196; 74, 129, 155; 77, 370, 379. Vgl. auch BVerfG, NVwZ-RR 2010, 905, 906 f. mit Anwendung der allgemeinen Rückwirkungsgrundsätze bei einem Eingriff in die Berufsfreiheit des Art. 12 Abs. 1 GG oder die Handlungsfreiheit des Art. 2 Abs. 1 GG; so in der Sache auch BVerfG 1 BvR 2654/17 v. 11. August 2020, Rn. 15.

E. SoKaSiG und Rückwirkungsgrenzen

Vor diesem Hintergrund wird im Weiteren der Frage nachgegangen, ob
das SoKaSiG gegen das verfassungsrechtliche Rückwirkungsverbot verstößt. Prüfungsmaßstab sind dabei die Vorgaben der Rechtsprechung des
Bundesverfassungsgerichts zu den Rückwirkungsgrenzen. Mit Blick darauf
werden zunächst die allgemeinen Vorgaben zu Rückwirkungsgrenzen erörtert (I.). Dann wird die Unterscheidung zwischen echter und unechter
Rückwirkung dargelegt (II.), und zuletzt erfolgt die Überprüfung des
SoKaSiG an den einschlägigen Maßstäben (III.).

I. Allgemeine Vorgaben zu Rückwirkungsgrenzen

1. Grundlage: Rechtstaatlichkeit und Vertrauensschutz

Der Schutz des Vertrauens der Bürger in eine bestehende Rechtslage ist
Teil des allgemeinen verfassungsrechtlichen Rechtsstaatsprinzips, das mit
der Rechtssicherheit unter anderem auf die Beständigkeit staatlicher Regelungen zielt, und dabei auch den Schutz des Vertrauens der Bürger in eine
bestehende Rechtslage verlangen kann. Danach können Rechtsänderungen aus Gründen des Vertrauensschutzes unzulässig sein, wenn der Bürger
Vertrauen in den Fortbestand der jeweiligen Rechtslage hat und dieses
Vertrauen schutzwürdig ist.

Auf dieser Grundlage ist gemäß der Rechtsprechung des Bundesverfassungsgerichts danach zu unterscheiden, ob eine Rechtsänderung mit Wirkung für die Zukunft oder mit Rückwirkung erfolgt.

Änderungen des Rechts mit Wirkung für die Zukunft kann der Gesetzgeber grundsätzlich vornehmen, ohne durch den rechtsstaatlichen Grundsatz des Vertrauensschutzes eingeschränkt zu sein; in diesen Konstellationen gibt es prinzipiell keinen rechtsstaatlichen Schutz eines möglichen
Kontinuitätsvertrauens[46]. Da neue gesetzliche Regelungen regelmäßig auf
Tatbestände bezogen sind bzw. sein müssen, die aus der Perspektive der jeweiligen Regelungsanwendung aus der Vergangenheit stammen, ist ein
mögliches Vertrauen in den künftigen Fortbestand der Rechtslage nicht

---

46 BVerfGE 38, 61, 83; 68, 193, 222 f.

schutzwürdig[47]. Etwas anderes gilt nur, falls der Gesetzgeber einen besonderen Vertrauenstatbestand geschaffen hat[48]. Ohne einen solchen besonderen Vertrauenstatbestand gibt es grundsätzlich keinen Schutz des Vertrauens gegenüber Neuregelungen des Gesetzgebers.

2. Allgemeine Voraussetzungen von Vertrauensschutz gegen Rückwirkungen

Soweit Rechtsänderungen dagegen Rückwirkungen haben, folgt aus dem Grundsatz des Vertrauensschutzes, dass dies nur innerhalb gewisser Grenzen zulässig ist. Aus dem rechtsstaatlichen Vertrauensschutz folgert das Bundesverfassungsgericht differenzierte Schranken für rückwirkende Gesetze.

a) Rechtslage generell geeignet zur Begründung von Vertrauensschutz

Zunächst muss das jeweilige Recht generell geeignet sein, rechtsstaatlichen Vertrauensschutz auszulösen. Ein sachlich nicht gerechtfertigtes Vertrauen hindert nach Ansicht des Bundesverfassungsgerichts rückwirkende Gesetzgebungsakte nicht[49]. Die Ableitung von Schranken aus dem Gedanken des Vertrauensschutzes bedingt, dass Gesetze, deren Inhalt mangels eines Vertrauens bzw. mangels Schutzwürdigkeit eines Vertrauens grundsätzlich nicht zur Grundlage von rechtsstaatlich schutzwürdigen Entscheidungen und Dispositionen des Bürgers werden können, auch bei rückwirkender Änderung der Entscheidung des Gesetzgebers offenstehen.

Rechtsstaatliche Grenzen der Rückwirkung gibt es nur bei der Änderung von Rechtsnormen, die insoweit generell geeignet sind, Entscheidungen und Dispositionen des Bürgers herbeizuführen, oder wenigstens zu beeinflussen[50]; andernfalls kann kein rechtsstaatlich schutzwürdiges Vertrauen vorliegen.

Diese Beschränkung des Vertrauensschutzes auf Rechtsnormen, die generell geeignet sein müssen, rechtsstaatlichen Vertrauensschutz auszulö-

---

47 BVerfGE 103, 271, 287; 109, 96, 121 f.
48 BVerfGE 30, 292, 404; 97, 67, 83 f.; 102, 68, 96 ff.
49 BVerfGE 19, 119, 127; 22, 330, 347; 23, 85, 94; 25, 269, 291; 30, 367, 387 ff.; 32, 111, 123; 135, 1, 21 f. Rn. 61 f. Dazu auch BVerfG 1 BvR 2654/17 v. 11. August 2020, Rn. 16.
50 Dazu BVerfGE 30, 367, 389 unter Berufung auf BVerfGE 13, 39, 45 f.

sen, ist allerding nach der Rechtsprechung des Bundesverfassungsgerichts nur in Ausnahmekonstellationen relevant. Eine derartige Ausnahmekonstellation liegt vor allem dann vor, wenn das Recht nach seiner Begründung, seinem Zweck und seiner Ausgestaltung ausgesprochen vorläufig ist und damit für den Bürger erkennbar den Charakter eines Provisoriums hat, auf dessen Bestand nicht vertraut werden kann[51].

Mit Blick auf diese Kriterien war die Rechtslage, die das Bundesarbeitsgericht festgestellt hat, grundsätzlich zur Begründung von Vertrauensschutz geeignet. Denn die nach der Entscheidung des Bundesarbeitsgerichts einschlägigen Regelungen waren nach ihrer Begründung, ihrem Zweck und ihrer Ausgestaltung nicht ausgesprochen vorläufig, und hatten damit auch nicht für den Bürger erkennbar den Charakter eines Provisoriums. Hätte der Gesetzgeber nicht das SoKaSiG erlassen, wären vielmehr Regelungen zur Anwendung gekommen, die grundsätzlich dauerhaft gelten.

Der mögliche Einwand, dass der Erlass einer Regelung in der Art des SoKaSiG möglicherweise erwartbar war, greift hier prinzipiell nicht. Denn unabhängig davon, dass eine Regelung in der Art des SoKaSiG, also eine rückwirkende Ersetzung einer rechtswidrigen AVE durch ein Gesetz ohne Vorläufer oder Beispiel und daher höchst ungewöhnlich war, gehört der Aspekt der Erwartbarkeit einer rückwirkenden Regelung zur Ersetzung ungültigen Rechts nach der ständigen Rechtsprechung des Bundesverfassungsgerichts nicht zu der Frage, ob die Rechtslage grundsätzlich zur Erzeugung von Vertrauensschutz geeignet war, sondern zur Frage, ob die Rechtfertigung einer echten Rückwirkung aus überragenden Gründen des Gemeinwohls ausnahmsweise in Frage kommt (dazu weiter unten unter E.III.2.b), S. 38).

Diese rechtsdogmatische Zuordnung greift auch in der vorliegenden Konstellation, und zwar zu Recht: Das nach der Feststellung der Ungültigkeit von Normen im Übrigen zur Anwendung kommende Recht ist mangels entgegenstehender Anhaltspunkte auf Dauer angelegt und daher zur Begründung von Vertrauensschutz grundsätzlich geeignet. Die hier einschlägige Konstellation gehört zutreffenderweise zur Frage der Rechtfertigungslast der Rückwirkung, nicht zur Frage einer grundsätzlich fehlenden Eignung zur Begründung von Vertrauensschutz. Dies sieht wohl auch das Bundesverfassungsgericht im Nichtannahmebeschluss vom 11. August

---

51 BVerfGE 13, 39, 45 f.; 18, 196, 202 f.

2020 so, da es die entsprechende konkrete Prüfung des SoKaSiG im Rahmen der Rechtfertigung der Rückwirkung vornimmt[52].

b) Auftreten rückwirkender Belastungen

Soweit Rechtsnormen generell zur Begründung von Vertrauensschutz geeignet sind, treten rechtsstaatliche Bedenken nach Ansicht des Bundesverfassungsgerichts grundsätzlich nur bei solchen Gesetzen auf, die den Bürger rückwirkend belasten; rückwirkende Begünstigungen durch den Gesetzgeber sind dagegen grundsätzlich zulässig[53].

Wann ein Gesetzgebungsakt belastend bzw. wann er begünstigend wirkt, ist im Einzelfall auf Grund des Gesetzesinhalts zu ermitteln. Dazu hat das Bundesverfassungsgericht ausgeführt, dass die Rückwirkung nicht nur bei Abgabengesetzen und solchen Gesetzen problematisch ist, die Gebote oder Verbote enthalten, sondern bei allen Gesetzen, die eine bestehende Rechtsposition des Bürgers verschlechtern[54]. Maßgeblich ist jeweils, ob sich die Rechtslage für den betroffenen Bürger durch die Änderung verschlechtert hat[55].

Wie oben (unter D.I. bis IV., S. 23–29) bereits dargestellt, begründet das SoKaSiG mit seinen Zahlungspflichten für die erfassten Regelungsadressaten eigenständige belastende Rechtsfolgen. Dass es den Tarifvertragsparteien nach § 9 Satz 1 SoKaSiG unbenommen bleibt, die tarifvertraglichen Regelungen abzuändern, ändert daran nichts. Denn diese Möglichkeit ist nicht nur sehr unrealistisch, sondern erfordert zudem das Zusammenwirken der Tarifpartner; sie kann also nicht durch die Außenseiter, die durch das SoKaSiG originär verpflichtet werden, abgewendet werden.

Die belastenden Rechtsfolgen haben auch Rückwirkung, da sie Konstellationen erfassen, die vor dem Inkrafttreten des SoKaSiG liegen. Die bestehende Rechtslage wird zeitlich rückwirkend zu Lasten der betroffenen Arbeitgeber umgestaltet.

---

52 BVerfG 1 BvR 2654/17 v. 11. August 2020, Rn. 19 ff.
53 BVerfGE 23, 85, 93.
54 BVerfGE 30, 367, 386.
55 Vgl. BVerfGE 30, 367, 390.

II. Unterscheidung zwischen echter und unechter Rückwirkung

Hinsichtlich der Frage, ob und wieweit ein Vertrauen in eine bestehende Gesetzeslage gegenüber rückwirkenden Verschlechterungen schutzwürdig ist, unterscheidet das Bundesverfassungsgericht traditionell zwischen echter und unechter Rückwirkung[56].

1. Grundsätze der Unterscheidung

Eine echte Rückwirkung, die grundsätzlich unzulässig ist, liegt dann vor, wenn ein Gesetz nachträglich ändernd in bereits abgewickelte, der Vergangenheit angehörende Tatbestände eingreift; wird dagegen auf gegenwärtige, noch nicht abgeschlossene Sachverhalte bzw. Rechtsbeziehungen für die Zukunft eingewirkt, so handelt es sich lediglich um eine unechte Rückwirkung, die grundsätzlich zulässig ist[57].

Eine jüngere Entscheidungslinie des Zweiten Senats differenziert begrifflich anders, nämlich zwischen der Rückbewirkung von Rechtsfolgen und der tatbestandlichen Rückanknüpfung[58]. Eine Rechtsnorm entfaltet dabei eine Rückbewirkung von Rechtsfolgen, wenn der Beginn ihres zeitlichen Anwendungsbereichs normativ auf einen Zeitpunkt festgelegt ist, der vor dem Zeitpunkt liegt, zu dem die Norm rechtlich gültig geworden ist. Eine solche Rückbewirkung von Rechtsfolgen muss sich vorrangig an den allgemeinen rechtsstaatlichen Grundsätzen insbesondere des Vertrauensschutzes und der Rechtssicherheit messen lassen. Dagegen nimmt eine Norm insoweit eine tatbestandliche Rückanknüpfung vor, als sie den Eintritt ihrer Rechtsfolgen von Begebenheiten aus der Zeit vor ihrer Verkündung abhängig macht.

Da die beiden Ansätze sich im Ergebnis – falls überhaupt – kaum[59] unterscheiden und diese möglichen Unterschiede für die hier einschlägigen Fragen nicht relevant sind, wird im Weiteren die tradierte Begrifflichkeit der echten und unechten Rückwirkung verwendet.

---

56 Dazu sowie zum Folgenden nur BVerfGE 11, 139, 145 f.; 13, 261, 271 ff.; 45, 142, 167; 95, 64, 86 f.; 101, 239, 262 f.; 103, 271, 287; 103, 392, 403; 132, 302, 318; 135, 1, 13.
57 BVerfGE 45, 162, 167 f.; 101, 239, 262 f.; 132, 302, 318; 135, 1, 13.
58 Dazu sowie zum Folgenden nur BVerfGE 72, 201, 241 f.; 72, 302, 321 f.; 76, 256, 345 ff.; 87, 48, 60 f.; 92, 277, 343 f.; 97, 67, 78 f.; 132, 302, 318.
59 Dazu nur *Sachs*, in: Ders. (Hrsg.), GG, 8. Auflage 2018, Art. 20 Rn. 132 m.w.N.

2. Zeitliche Voraussetzungen echter Rückwirkung

Eine echte Rückwirkung liegt vor, wenn ein Gesetz nachträglich ändernd in abgewickelte, der Vergangenheit angehörende Tatbestände eingreift[60].

Bei der zeitlichen Abgrenzung kann es insbesondere dann Probleme geben, wenn ein solcher Tatbestand rechtlich abgeschlossen wird, während bereits die Arbeiten zu einer gesetzlichen Neuregelung laufen. Das Bundesverfassungsgericht stellt insoweit auf den Gesetzesbeschluss des Bundestages ab[61]. Der Zeitpunkt, zu dem der Regierungsentwurf oder wesentliche Elemente aus der parlamentarischen Beratungsarbeit bekannt werden, spielt dabei grundsätzlich keine Rolle[62].

Allerdings kann es zulässig sein, zur Vermeidung von Ankündigungs- und Mitnahmeeffekten, die die Wirksamkeit einer Neuregelung unterlaufen, die Neuregelung schon zu einem früheren Zeitpunkt wirksam werden zu lassen, zu dem ein Vertrauen auf den Fortbestand der Rechtslage nicht mehr gerechtfertigt ist, zum Beispiel weil eine Änderung bereits angekündigt worden ist[63]. Das Ziel der Vermeidung von Ankündigungseffekten kann bei einer unechten Rückwirkung die erforderliche Abwägung prägen[64] und bei einer echten Rückwirkung ein den Vertrauensschutz ausnahmsweise überwiegender, zwingender Grund des Allgemeinwohls sein[65].

Das SoKaSiG verpflichtet die Arbeitgeber zum Teil eigenständig und originär zur Zahlung von Beiträgen für in der Vergangenheit liegende, bereits abgeschlossene Zeiten der Beschäftigung. Damit kommt dem SoKaSiG konstitutive echte Rückwirkung zu[66].

---

60 BVerfGE 57, 361, 391; 68, 287, 306; 72, 175, 196.
61 BVerfGE 13, 206, 213; 13, 261, 273.
62 BVerfGE 13, 261, 273; 14, 288, 298.
63 BVerfGE 95, 64, 88 f.; 97, 67, 81 f.
64 BVerfGE 95, 64, 88 f.
65 BVerfGE 97, 67, 81 f.
66 BVerfG 1 BvR 2654/17 v. 11. August 2020, Rn. 20 mit Verweis auf u.a. BAG, NZA 2019, 552, 559 Rn. 71; *Thüsing*, NZA-Beilage 1/2017, 3, 6 ff.; *Engels*, NZA 2017, 680, 684 f.; *Berndt*, DStR 2017, 1166, 1169.

III. Grundsätze zur ausnahmsweisen Zulässigkeit echter Rückwirkung

Auf dieser Grundlage ist zu untersuchen, ob die durch das SoKaSiG bewirkte, mit echter Rückwirkung erfolgende Änderung der Rechtslage verfassungsrechtlich zulässig ist.

1. Echte Rückwirkung grundsätzlich unzulässig

Gesetze mit einer echten Rückwirkung sind grundsätzlich unzulässig[67]. Das Vertrauen des Bürgers in den Fortbestand von Regelungen, die einmal für schon abgewickelte Tatbestände gefunden worden sind, schließt eine nachträgliche Verschlechterung der Rechtslage prinzipiell aus.

2. Ausnahmen einer zulässigen echten Rückwirkung

Allerdings gibt es vom grundsätzlichen Verbot echter Rückwirkung Ausnahmen, in denen das Vertrauen als nicht hinreichend schutzwürdig angesehen wird.

a) Kein schützenswertes Vertrauen auf Bestand des geltenden Rechts

Der Gesichtspunkt des rechtsstaatlichen Vertrauensschutzes steht einer echten Rückwirkung zum einen dann nicht im Weg, wenn ein schützenswertes Vertrauen auf den Bestand des geltenden Rechts nicht entstehen konnte. Das ist der Fall, wenn die betroffenen Kreise nicht auf den Fortbestand einer alten Regelung vertrauen durften, sondern mit deren Änderung rechnen mussten[68].

Aus dem Aspekt des fehlenden bzw. nicht schutzwürdigen Vertrauens können echte Rückwirkungen ausnahmsweise gerechtfertigt und damit zulässig sein, falls es darum geht, eine erheblich unklare oder verworrene

---

67 BVerfGE 13, 261, 271; 25, 371, 403; 30, 367, 385 f.; 30, 392, 401; 41, 205, 225; 45, 142, 167 f., 173 f.; 72, 200, 253; 88, 384, 403 f.; 97, 67, 80; 1010, 239, 262; 132, 302, 318; 135, 1, 13.
68 BVerfGE 13, 261, 272; 14, 288, 298; 18, 429, 439; 19, 187, 196; 22, 330, 347; 23, 12, 33; 27, 167, 173 f.; 30, 367, 387; 95, 64, 86 f.; 122, 374, 394; 135, 1, 22.

Rechtslage zu bereinigen[69], oder ungültiges Recht[70] bzw. Recht, dessen Gültigkeit bzw. Verfassungsmäßigkeit ernsthaft zweifelhaft war[71], durch gültiges Recht zu ersetzen und daher eine Neuregelung anstand.

Schwierigkeiten kann hierbei die Frage bereiten, von welchem Zeitpunkt an bei einer beabsichtigten Gesetzesänderung der gute Glaube des Bürgers so weit reduziert ist, dass echte Rückwirkungen ausnahmsweise zulässig sein können. Der Schutz des Vertrauens in das alte Recht endet grundsätzlich mit dem Beschluss des neuen Rechts. Er kann aber ausnahmsweise bereits früher enden, wenn zum Beispiel eine Änderung des Rechts angekündigt wurde und die zeitlich vor dem Beschluss beginnende (Aus-)Wirkung der Rechtsänderung zur Vermeidung von Ankündigungseffekten als zwingender Grund gerechtfertigt ist[72].

b) Überragende Gründe des Allgemeinwohls

Diese Argumentation führt zu einem weiteren Begründungsstrang in der Rechtsprechung des Bundesverfassungsgerichts. Der einer echten Rückwirkung entgegenstehende Vertrauensschutz kann zum anderen ausnahmsweise wegen überragender, zwingender Gründe des Gemeinwohls überwunden werden.

Während dieser Gesichtspunkt bei der unechten Rückwirkung in die dabei geforderte Güterabwägung einfließt, handelt es sich bei der echten Rückwirkung um eine Reservation, die nur in Ausnahmefällen greift, in denen ein überragendes Allgemeinwohlinteresse Vorrang beanspruchen kann[73]. Hauptanwendungsbereich ist die soeben erwähnte Konstellation, in der eine Änderung des Rechts angekündigt wurde und die zeitlich vor dem Beschluss beginnende (Aus-)Wirkung der Rechtsänderung zur Vermeidung von Ankündigungseffekten als zwingender Grund gerechtfertigt ist[74].

---

69 BVerfGE 7, 129, 151; 11, 64, 72, 77; 13, 261, 272; 18, 429, 439; 24, 75, 101; 30, 367, 388; 45, 142, 173 f.; 50, 177, 193 f.; 72, 200, 259; 88, 384, 404; 98, 17, 39; 122, 374, 394; 126, 369, 393 f.; 131, 20, 41; 135, 1, 22.
70 BVerfGE 13, 215, 224 f.; 13, 261, 272; 19, 187, 195, 197; 37, 363, 399 f.; 72, 200, 260 ff.; 81, 228, 239.
71 BVerfGE 13, 215, 224; 30, 367, 388; 38, 128, 137; 135, 1, 22.
72 BVerfGE 97, 67, 81 f.
73 BVerfGE 2, 380, 405; 13, 261, 272; 30, 367, 390 f.; 72, 200, 260; 88, 384, 404; 95, 64, 87; 101, 239, 263 f.; 122, 374, 294 f.; 135, 1, 22.
74 BVerfGE 97, 67, 81 f.

c) Bagatellen sowie Verfahrensrecht ohne größere Bedeutung

Schließlich greift das Verbot echter Rückwirkung nicht, wenn der Betroffene nicht schutzwürdig ist, weil ihm entweder nur ein ganz unerheblicher Nachteil entsteht und die Beeinträchtigung nur eine Bagatelle ist[75], nur verfahrensrechtliche Vorschriften ohne größere Bedeutung betroffen sind[76], oder das geänderte Recht nicht dazu geeignet war, wegen des geringen oder fehlenden Vertrauens auf seinen Fortbestand Entscheidungen und Dispositionen herbeizuführen oder zu beeinflussen[77].

IV. Anwendung auf das SoKaSiG

1. Schutz des Vertrauens auf den Bestand des geltenden Rechts

Fraglich ist, ob die im SoKaSiG enthaltenen Regelungen mit echter Rückwirkung ausnahmsweise zulässig sind, weil ein schützenswertes Vertrauen auf den Bestand des geltenden Rechts nicht entstehen konnte. Dies ist vor allem der Fall bei der Beseitigung einer unklaren oder verworrenen Rechtslage, der Ersetzung einer ungültigen oder zweifelhaften Regelung durch eine gültige Regelung sowie der Vorhersehbarkeit der Änderungsregelung[78].

Die dem Entwurf zu entnehmende Begründung des SoKaSiG geht dabei davon aus, dass angesichts der jahrzehntelangen Einbeziehung aller Arbeitgeber in das Sozialkasseverfahren bei nicht tarifgebundenen Arbeitgebern kein schutzwürdiges Vertrauen darauf bestand, zu den solidarisch finanzierten Leistungen der Sozialkassen nichts beitragen zu müssen[79]. Dem folgt in der Sache auch das Bundesverfassungsgericht im Nichtannahmebeschluss vom 11. August 2020, in dem ausgeführt wird, dass der Rechtsschein einer ungültigen belastenden Norm die Rückwirkung einer Neuregelung rechtfertigen kann, wenn die Betroffenen nicht darauf vertrauen durften, dass die Belastung nun entfällt[80].

---

75 BVerfGE 13, 261, 272; 30, 367, 387 ff.; 72, 200, 258 f.; 88, 384, 404; 95, 64, 87; 135, 1, 22.
76 BVerfGE 30, 367, 390 f.; 63, 323, 339; 75, 246, 279; 88, 384, 406; 89, 48, 66.
77 BVerwGE 118, 277, 288.
78 Dazu *Thüsing*, NZA-Beilage 1/2017, 3, 6 f. m.N.
79 BT-Drs. 18/10631, 649. Dem offenbar folgend *Berndt*, DStR 2017, 1166, 1169 sowie *Engels*, NZA 2017, 680, 684 f.
80 BVerfG 1 BvR 2654/17 v. 11. August 2020, Rn. 17, 24.

Die Annahme, dass auf Seiten der Betroffen kein schutzwürdiges Vertrauen bestand, ist aber unzutreffend. Denn unabhängig von einem möglichen Vertrauen auf eine verwerfende Gerichtsentscheidung durften die nicht unmittelbar tarifvertragsgebundenen Arbeitgeber zumindest auf die vom Bundesarbeitsgericht festgestellte Rechtslage vertrauen, da die rückwirkende Ersetzung einer unwirksamen AVE unmittelbar durch ein Gesetz nicht vorhersehbar war.

a) Vertrauen auf eine verwerfende Gerichtsentscheidung

Ob bereits ein Vertrauen auf die Verfassungswidrigkeit der AVE bzw. eine diese verwerfende Gerichtsentscheidung der Rückwirkung des SoKaSiG entgegenstehen kann, ist fraglich.

Zwar mag es sein, dass vor der Entscheidung des Bundesarbeitsgerichts ein schützenswertes Vertrauen darauf, dass die AVE aus Gründen der fehlenden demokratischen Legitimation für rechtswidrig zu erachten und ex tunc nichtig zu erklären sind, nicht umfassend entstehen konnte, da die Rechtsprechung sich mit dieser Frage oder hinreichend vergleichbaren Fragen zuvor noch nicht einschlägig befasst hatte und die Tarifnormerstreckung durch die AVE im Übrigen von den Gerichten als wirksam angesehen wurde[81]. Eben deshalb ist aber auch nicht auszuschließen, dass vor allem die Gerichtsverfahren gegen die Beiträge führenden Außenseiter darauf vertrauen durften, dass die Gerichte die AVE im Ergebnis aufheben würden. Ein schützenswertes Vertrauen darauf, dass die Gerichte die AVE verwerfen werden, konnte daher möglicherweise bereits vor den Entscheidungen des Bundesarbeitsgerichts in hinreichendem Maß vorliegen.

Das dagegen vom Bundesverfassungsgericht im Nichtannahmebeschluss vom 11. August 2020 angeführte Argument, dass mangels verwerfender Gerichtsentscheidungen vor den beiden Entscheidungen des Bundesarbeitsgerichts vom September 2016 anzunehmen sei, dass die beteiligten Akteure von der Wirksamkeit der Erstreckung des Sozialkassenverfahrens ausgegangen seien[82], überzeugt dagegen nicht. Die bereits vor September 2016 geführten, vielfachen gerichtlichen Verfahren, die sich gegen die SoKaSiG-Pflichten auch dem Grunde nach richteten und u.a. zu den Entscheidungen des Bundesarbeitsgerichts vom September 2016 geführt ha-

---

81 BVerfG 1 BvR 2654/17 v. 11. August 2020, Rn. 22; *Engels*, NZA 2017, 680, 685; *Ulber*, NZA 2017, 1104, 1106.
82 BVerfG 1 BvR 2654/17 v. 11. August 2020, Rn. 22 letzter Satz.

ben, belegen deutlich, dass diese Annahme des Bundesverfassungsgerichts nicht zutrifft.

Das Bundesverfassungsgericht verwechselt bzw. vermischt hier ganz offenbar die Frage, ob ein Vertrauen tatsächlich bestand und in Anspruch genommen wurde, mit der normativen Frage der Schutzwürdigkeit des Vertrauens. Der Grund für dieses systematisch evident unzutreffende Vorgehen mag darin zu sehen sein, dass das Bundesverfassungsgericht in seiner Entscheidung den AVE den Rechtsschein der Wirksamkeit zuordnet[83], um daraus die Rückwirkung einer Neuregelung zu rechtfertigen[84]. Hätte es dagegen festgestellt, dass das Vertrauen der Betroffenen in die AVE tatsächlich bereits vor den Entscheidungen des BAG vom September 2016 zumindest eingeschränkt bzw. erschüttert war, wäre dieser weiteren Argumentation der Boden entzogen worden.

Systematisch zutreffend sind dann erst die im weiteren Verlauf folgenden Ausführungen des Bundesverfassungsgerichts zur Frage, ob und wieweit die Betroffenen auf die Verwerfung der AVE vertrauen durften, also ihr Vertrauen in die Verwerfung schutzwürdig war[85]. Dass dieses Vertrauen vom Bundesverfassungsgericht als nicht bzw. nicht umfassend schutzwürdig angesehen wird[86], ist angesichts der Diskussionen und Gerichtsentscheidungen des Bundesarbeitsgerichts im September 2016 nachvollziehbar.

b) Frage des Vertrauens auf Rechtsschein der Wirksamkeit der AVE nicht relevant

Allerdings ist Bezugspunkt dieser Überlegungen des Bundesverfassungsgerichts die Schutzwürdigkeit des Vertrauens in die noch ausstehende Verwerfung der AVE. Dass die Schutzwürdigkeit eines solchen Vertrauens abgelehnt wird, führt deshalb nicht dazu, dass den AVE ein schutzwürdiger Rechtsschein zuzuordnen ist. Vielmehr war die Lage offenbar so, dass die Rechtmäßigkeit der AVE in der Lit. und in Gerichtsverfahren bestritten wurde, und eine abschließende gerichtliche Klärung der Frage noch ausstand. Konsequenterweise ist daher entgegen der – argumentativ nicht wei-

---

83 BVerfG 1 BvR 2654/17 v. 11. August 2020, Rn. 21 zweiter Satz.
84 BVerfG 1 BvR 2654/17 v. 11. August 2020, Rn. 17, 23 f.
85 BVerfG 1 BvR 2654/17 v. 11. August 2020, Rn. 23.
86 BVerfG 1 BvR 2654/17 v. 11. August 2020, Rn. 23 zweiter und dritter Satz.

ter unterlegten – Annahme des Bundesverfassungsgerichts zumindest ein schutzwürdiger Rechtsschein auch der AVE abzulehnen.

Damit entfällt dann auch die Grundlage für die tragende Grundannahme der Entscheidung des Bundesverfassungsgerichts, wonach die Rechtfertigung der Rückwirkung davon abhängt, ob das Korrekturgesetz Belastungen vorsieht, die dem entsprechen, was nach Maßgabe des korrigierten Rechts ohnehin als geltendes Recht unterstellt werden musste[87]. Denn – spätestens – aus der Reduktion des Vertrauens bzw. der Schutzwürdigkeit des Vertrauens in den Bestand des verworfenen Rechts folgt, dass dessen Inhalt nicht als Maßstab für den gebotenen Vertrauensschutz zu unterstellen ist. In dieser Konstellation ist daher eine eigenständige Rechtfertigung der Rückwirkung erforderlich; der bloße Verweis darauf, dass nur die Belastungen eintreten, die auch nach den aufgehobenen Regelungen eingetreten wären[88], genügt hier nicht.

An dieser Stelle wird dann auch ein weiteres, grundsätzliches Problem der Entscheidung des Bundesverfassungsgerichts deutlich: Die Relativierung des Schutzes vor Rückwirkungen bei Normersetzungen durch Bezug auf den Inhalt der verworfenen und deshalb ersetzten Norm.

Indem darauf abgestellt wird, ob in Folge der rückwirkenden Regelung nur die Belastungen eintreten, die auch nach der aufgehobenen Norm eingetreten wären, wird in den Regelfällen der möglichen, aber nicht sicheren Verfassungswidrigkeit belastender Regelungen eine rückwirkende Ersetzung der Regelungen als grundsätzlich zulässig konstruiert; ein gegenläufiger bzw. weiterreichender Vertrauensschutz der Betroffenen gerät dagegen zur darlegungspflichtigen Ausnahme. Damit wird das Verhältnis von Regel und Ausnahme – echte rückwirkende Belastungen sind grundsätzlich unzulässig und nur ausnahmsweise zulässig – umgekehrt und die begrenzte Ausnahmekonstellation der zulässigen Ersetzung erwartbar bzw. erkennbar verfassungswidrigen Rechts ausgedehnt auf grundsätzlich alle Konstellationen der Ersetzung strittigen bzw. angegriffenen Rechts.

Dass eben dies die Folge ist, wird im Begründungsduktus der Entscheidung des Bundesverfassungsgerichts auch noch an einer anderen, früheren Stelle deutlich, an der das Gericht darauf verweist, dass aus dem Rechtsschein einer unwirksamen begünstigenden Norm schutzwürdiges Vertrauen darauf erwachsen kann, dass er die tatsächliche Lage abbildet, so dass von ihm umfasste Begünstigungen nicht nachträglich beseitigt werden

---

87 BVerfG 1 BvR 2654/17 v. 11. August 2020, Rn. 24 vorletzter Satz.
88 In diese Richtung aber BVerfG 1 BvR 2654/17 v. 11. August 2020, Rn. 24 letzter Satz.

dürfen[89], dass dieser Vertrauensschutz aber zurücktritt, wenn die betroffenen Bürger sich nicht auf den Rechtsschein verlassen durften[90].

Diese – an sich zutreffenden – Überlegungen werden aber sodann unmittelbar auf belastende Normen übertragen[91] und dieser Schritt als „not-
wendige Kehrseite" des vorstehend dargelegten Vertrauensschutzes bei begünstigenden Regelungen bezeichnet[92]. Dies trifft nicht zu, denn dieser
Argumentationsschritt verkennt die – oben dargelegte und auch aus der
Rechtsprechung des Bundesverfassungsgerichts folgende – grundlegende
Unterscheidung zwischen prinzipieller Zulässigkeit einer Rückwirkung
bei begünstigenden Regelungen und prinzipieller Unzulässigkeit einer
echten Rückwirkung bei belastenden Regelungen.

c) Vertrauen auf die vom Bundesarbeitsgericht festgestellte Rechtslage

Eindeutig fällt die Bewertung des Vertrauensschutzes nach den Entscheidungen des Bundesarbeitsgerichts aus. Das Vertrauen in die ab diesem
Zeitpunkt geklärte Rechtslage war nach den Maßstäben der Rechtsprechung des Bundesverfassungsgerichts insoweit grundsätzlich geeignet, Vertrauensschutz zu erzeugen, als die nach der gerichtlichen Erklärung der
Unwirksamkeit der AVE einschlägigen Normen des Arbeitsrechts und des
allgemeinen Zivilrechts nicht lediglich vorübergehender Art waren, sondern grundsätzlich auf Dauer und Bestand angelegt (dazu bereits oben unter E.I.2.a), S. 32 ff.).

d) AVE rückwirkend nicht zulässig

Die betroffenen Arbeitgeber mussten auch nicht damit rechnen, dass eine
unwirksame AVE rückwirkend wirksam ersetzt wird. Denn eine rückwirkende AVE wäre nicht möglich gewesen, und wurde deswegen zu Recht
auch nicht erwogen.

Zwar gibt es Anhaltspunkte dafür, dass die Rechtsprechung die Ersetzung einer unwirksamen Verordnungsregelung durch ein Parlamentsge-

---

89 BVerfG 1 BvR 2654/17 v. 11. August 2020, Rn. 16 m.N. zur Rspr. des BVerfG.
90 BVerfG 1 BvR 2654/17 v. 11. August 2020, Rn. 17 erster und zweiter Satz m.N.
    zur Rspr. des BVerfG.
91 BVerfG 1 BvR 2654/17 v. 11. August 2020, Rn. 17 dritter Satz.
92 BVerfG 1 BvR 2654/17 v. 11. August 2020, Rn. 17 fünfter Satz.

setz für prinzipiell zulässig erachtet[93]. Allerdings kann dies nicht ohne weiteres auch auf eine AVE erstreckt werden[94]. Denn diese beruht letztlich auf einem Tarifvertrag, weshalb auch dieser hätte rückwirkend in Kraft gesetzt werden müssen.

Auch dies ist zwar nicht von vorneherein ausgeschlossen[95]. Allerdings sind die in der Rechtsprechung anerkannten Konstellationen einer rückwirkenden AVE konturiert auf entweder die Rückwirkung bis zum Zeitpunkt der Antragstellung, oder eine Rückwirkung um eine nahtlose Allgemeinverbindlichkeit zwischen vorangegangenen und nachfolgenden Tarifverträgen zu ermöglichen; die streitgegenständliche Konstellation gehört nicht in die bislang anerkannten Bereiche.

Schließlich: Selbst wenn über die anerkannten Konstellationen hinaus die Rückwirkung einer AVE erwogen wird, müssen zumindest die Voraussetzungen zum Erlass einer AVE im in Bezug genommenen, zurückliegenden Zeitpunkt vorliegen, da sonst eine Umgehung dieser Voraussetzungen bewirkt wird, ohne dass dies vorgesehen oder sonst zulässig ist[96]. Daran fehlt es aber in der vorliegenden Konstellation, denn die durch das Tarifautonomiestärkungsgesetz geänderte Ermächtigungsgrundlage ist nicht rückwirkend in Kraft gesetzt worden. Eine hierauf gestützte AVE kann aber nicht weiter zurückreichen als die Ermächtigungsgrundlage, auf der sie beruht.

Der Arbeitgeber, der das Fehlen der prinzipiellen rechtsstaatlichen und demokratischen Voraussetzungen einer AVE zur Kenntnis nimmt, ist daher in seinem Vertrauen auf diese Rechtslage grundsätzlich geschützt, und die Schutzwürdigkeit dieses Vertrauens kann auch nicht durch das Nachschieben einer – möglicherweise – verfassungsgemäßen AVE und ihrer Grundlagen grundsätzlich in Frage gestellt werden.

e) Regelung unmittelbar durch SoKaSiG nicht zulässig

Darüber hinaus mussten die Betroffenen auch nicht damit rechnen, dass nun statt Tarifvertrag und AVE eine Anordnung der tarifvertraglichen Regelungen durch ein Gesetz in der Art des SoKaSiG erfolgt. Denn ein solches Vorgehen ist verfassungsrechtlich unzulässig.

---

93 BVerfG, NVwZ-RR 2007, 433.
94 Dazu sowie zum Folgenden *Thüsing*, NZA-Beilage 1/2017, 3, 7 ff.
95 Dazu näher *Thüsing*, NZA-Beilage 1/2017, 3, 7 mit Verweis in Fn. 55.
96 *Thüsing*, NZA-Beilage 1/2017, 3, 7 f.

aa) Verweis oder Bezugnahme auf Tarifvertrag kann zulässig sein

Zwar hat das Bundesverfassungsgericht anerkannt, dass der Gesetzgeber tarifvertraglichen Regelungen durch Verweisung oder Bezugnahme Gesetzeskraft verleihen kann, was auch grundsätzlich zulässig sein kann, soweit der Inhalt der tarifvertraglichen Regelungen, auf die die staatlichen Rechtsnormen verweisen, im Wesentlichen feststehen; dies ist bei einer statischen Verweisung grundsätzlich der Fall, nicht aber ohne weiteres bei einer dynamischen Verweisung[97].

bb) Besondere verfassungsrechtliche Anforderungen

Dies ändert aber zum einen nichts daran, dass die Festlegung durch Gesetz einen Eingriff in die Koalitionsfreiheit darstellt, der zu rechtfertigen ist (s. dazu oben unter D.I.2., S. 24 ff.). Dabei sind zwei verfassungsrechtliche Aspekte einschlägig, die die Möglichkeit einer staatlichen Herstellung der Allgemeinverbindlichkeit eingrenzen.

aaa) Rücksicht auf Koalitionsfreiheit

Zum einen ist auf die Koalitionsfreiheit sowohl der Tarifparteien als auch der Außenseiter hinreichend Rücksicht zu nehmen.

Die Rücksicht auf die Koalitionsfreiheit der Tarifparteien erfolgt bei einer AVE dadurch, dass der Staat kein eigenständiges Initiativ- und Entscheidungsrecht hat, und auch keinen Einfluss auf den Inhalt der Normen nehmen kann. Auch hinsichtlich der Geltungsdauer der allgemeinverbindlichen Normen unterwirft er sich in § 5 TVG dem Willen der Tarifvertragsparteien. Mit diesen Regelungen kommt er einem umfassend verstandenen Betätigungsrecht der Koalitionen so weit wie möglich entgegen.

Da aber an den Tarifverträgen die Außenseiter nicht mitgewirkt haben, bedarf die in der Allgemeinverbindlichkeit von Tarifverträgen liegende Ausdehnung der Tarifgebundenheit auf Außenseiter zudem einer über die Koalitionsfreiheit der Tarifparteien hinausgehenden, zusätzlichen Rechtfertigung[98].

---

97 BVerfGE 64, 208, 214 ff.
98 BVerfGE 44, 322, 347 f.

bbb) Anforderungen demokratischer Legitimation

Zum anderen stellt sich das – gleichfalls von AVE, aber auch von Rechts-verordnungen bekannte – Problem, dass bei einem Verweis staatlicher Normen auf Tarifverträge die staatliche Entscheidung insoweit unter einem legitimatorischen Defizit leidet, als der potentielle Regelungswille durch den Tarifvertrag präformiert ist[99]. Der zur Wahrung der Koalitions-freiheit der Tarifvertragsparteien erfolgende Verzicht auf ein eigenes staat-liches Initiativ- und Gestaltungrecht, führt dazu, dass der Staat nur entwe-der auf die Regelugen des Tarifvertrags verweisen kann, oder nicht. Der Staat ist vom Handeln der Tarifparteien abhängig, und hat nicht die Mög-lichkeit einer vom Tarifvertrag unabhängigen staatlichen Gestaltung.

cc) Spezifische Vorkehrungen sowie Darlegung erforderlich

Die vorstehend skizzierten verfassungsrechtlichen Besonderheiten – die nötige Rücksicht auf die Koalitionsfreiheit und ein daraus folgendes Defi-zit staatlicher Entscheidungsfreiheit – werden bei einer AVE dadurch kom-pensiert, dass diese nur unter bestimmten materialen Voraussetzungen er-lassen werden darf, zu denen ein hinreichendes öffentliches Interesse ge-hört, das vorliegen muss, damit die Tarifvertragsnormen über die vertragli-chen Bindungen hinaus auch auf Außenseiter erstreckt werden dürfen, so-wie auf Grundlage des vorausgehenden Verfahrens, wie dies in § 5 Abs. 1 TVG mit den entsprechenden strengen Bedingungen geregelt ist[100].
Vergleichbare spezifische Vorkehrungen bestehen dort, wo der Gesetz-geber die Exekutive dazu ermächtigt, durch Rechtsverordnung tarifvertrag-liche Regelungen auf Außenseiter erstrecken zu können, wie dies zum Bei-spiel in § 7 Abs. 1 des Arbeitnehmer-Entsendegesetzes (im Folgenden: AEntG) erfolgt.

dd) SoKaSiG ohne spezifische Vorkehrungen sowie Darlegungen

Die Beachtung der verfassungsrechtlich gebotenen, spezifischen Anforde-rungen sowie deren Darlegung ist aber durch eine unmittelbare gesetzli-che Bezugnahme auf einen Tarifvertrag, der nicht dem § 5 Abs. 1 TVG

---

99 BVerfGE 44, 322, 348.
100 BVerfGE 44, 322, 348.

oder einer vergleichbaren Regelung unterfällt, gerade nicht sichergestellt und dargelegt[101].

Aus dieser Perspektive wird deutlich, dass die Ersetzung einer unwirksamen AVE unmittelbar durch ein Parlamentsgesetz eine Umgehung der aus den Anforderungen der Koalitionsfreiheit und der demokratischen Legitimation folgenden Schranken ermöglicht[102]: Bei einer solchen Vorgehensweise ist nicht sichergestellt, dass die zur Wahrung des grundrechtlichen Schutzes der Außenseiter und zur Kompensation der demokratischen Defizite verfassungsrechtlich zwingend erforderlichen, spezifischen Anforderungen an staatliche Rechtsetzungsakte, die tarifvertragliche Regelung über den Kreis der beteiligten Tarifparteien hinaus verbindlich machen, gewahrt sind.

Deshalb geht auch ein erst-recht-Schluss derart, dass ein Gesetzgeber, der die Verwaltung ermächtigen kann, einen Tarifvertrag über eine AVE für verbindlich zu erklären, den Inhalt eines Tarifvertrags erst recht selbst in Gesetzesform verabschieden könne[103], fehl: Dass und wie bei diesem Vorgehen auf die Koalitionsfreiheit der Außenseiter hinreichend geachtet und das demokratische Defizit in der staatlichen Entscheidungsfreiheit kompensiert werden, ist nicht weiter gesichert.

Aus den gleichen Gründen geht auch der Hinweis darauf, dass der Gesetzgeber nicht nur Rechtsverordnungen rückwirkend in Kraft setzen könne, sondern eben auch AVE bzw. die damit in Bezug genommenen Tarifverträge[104], fehl: Anders als übliche Rechtsverordnungen oder andere untergesetzliche Rechtsakte, die originär aus dem staatlichen Bereich stammen, nehmen AVE sowie Rechtsverordnungen, die Tarifverträge in allgemeine Verbindlichkeit bringen, auf eine Vereinbarung von Tarifparteien Bezug, und sind in spezifischer Weise an die Beachtung der Koalitionsfreiheit gebunden, mit Folgen auch für die nötige demokratische Legitimation (dazu ausführlich soeben unter E.IV.1.e)bb) und cc), S. 45 f.). Mit Blick auf die daraus folgenden spezifischen verfassungsrechtlichen Anforderungen unterscheidet sich die unmittelbar durch Gesetz erfolgende Erstreckung eines Tarifvertrags auf Außenseiter deutlich und erheblich von der gesetzlichen Wiederholung einer zuvor in einer Rechtsverordnung gefassten Vorgabe.

---

101 Soweit wohl auch *Engels*, NZA 2017, 680, 683 unter bb).
102 So auch *Thüsing*, NZA-Beilage 1/2017, 3, 7 f.
103 *Berndt*, DStR 2017, 1166, 1170.
104 *Ulber*, NZA 2017, 1104, 1107 unter 5. m.N.

Der Verweis auf die prinzipielle verfassungsrechtliche Zulässigkeit statischer Verweisungen im Allgemeinen[105] vermag daran nichts zu ändern, da auch bei einer statischen Verweisung auf einen Tarifvertrag sowohl das Erfordernis des Schutzes der Koalitionsfreiheit der Tarifparteien und der Außenseiter als auch das Erfordernis der Kompensation des demokratischen Defizits staatlicher Entscheidungsfreiheit bestehen[106].

Gleichfalls verfängt der Hinweis darauf, dass der Gesetzgeber im Übrigen für die Beurteilung von Fragen des öffentlichen Interesses qua demokratischer Legitimation über eine besondere Kompetenz verfüge[107], hier nicht. Denn die Wahrnehmung und Ausfüllung dieser Kompetenz, die einen Einschätzungs- und Entscheidungsspielraum begründen kann, setzt hinreichende Freiheit zur Eruierung und Bewertung des in Bezug genommenen Sachverhalts voraus, also die Möglichkeit zur freien und umfänglichen Ermittlung und Abwägung möglicher Entscheidungsvarianten einschließlich eines darauf gerichteten Verfahrens. Daran fehlt es aber, wenn – wie in der vorliegenden Konstellation – umfassend auf einen Tarifvertrag als ein von Dritten erstelltes, umfängliches und insoweit abgeschlossenes Regelwerk verwiesen wird, und alternative Überlegungen, teilweise Verweise oder teilweise Änderungen von vorneherein außen vor gelassen werden.

ee) Verweis auf Einhaltung materieller Voraussetzungen des § 5 TVG
    nicht relevant

Die Bewertung ändert sich auch nicht, falls für den konkret in Bezug genommenen Tarifvertrag die inhaltlichen Voraussetzungen des § 5 Abs. 1 TVG vorlagen, insbesondere ein öffentliches Interesse im Sinne dieser Regelung gegeben war[108].

§ 5 TVG adressiert die Exekutive, wenn und soweit diese in der Form einer AVE rechtsetzend tätig wird. Die Regelung des § 5 TVG soll damit sicherstellen, dass die verfassungsrechtlichen Anforderungen, die mit einer Erstreckung von Tarifverträgen auf Außenseiter verbunden sind, mit Blick auf die Spezifika der Exekutive bei dieser Tätigkeit gewahrt werden. Dementsprechend sind die in § 5 TVG enthaltenen materiellen und verfahrens-

---

105 *Engels*, NZA 2017, 680, 683.
106 Dazu sowie zum Folgenden auch *Thüsing*, NZA-Beilage 1/2017, 3, 8 f. m.N.
107 So wohl der Ansatz von *Engels*, NZA 2017, 680, 683.
108 So aber wohl *Engels*, NZA 2017, 680, 683.

förmigen Vorgaben abgestimmt und ausgerichtet auf die Ausprägung der verfassungsrechtlichen Bindungen der Exekutive. Vergleichbares gilt für Regelungen der Verordnungsermächtigung, zum Beispiel § 7 AEntG, da auch sie die Exekutive bei einer spezifischen Tätigkeit der Rechtsverordnungssetzung adressieren.

In der vorliegenden Konstellation hat aber nicht die Exekutive gehandelt, sondern die Legislative. Diese ist zwar in grundsätzlich vergleichbarer Art und Weise an die Beachtung der Grundrechte und damit der Koalitionsfreiheit der Außenseiter gebunden. Mit Blick auf die Anforderungen der demokratischen Legitimation bestehen aber erhebliche Unterschiede zwischen Exekutive und Legislative, die einer undifferenzierten Übertragung der entsprechenden rechtlichen Anforderungen entgegenstehen.

Daher kann daraus, dass die Exekutive beim Erlass der AVE eines bestimmten Tarifvertrags die für sie, also die Exekutive bei dieser Tätigkeit maßgeblichen materiellen einfachgesetzlichen Anforderungen des § 5 Abs. 1 TVG beachtet hat, nicht abgeleitet werden, dass der Gesetzgeber bei der Tätigkeit der Geltungserstreckung des Tarifvertrags durch einen Verweis auf diesen materiell verfassungsgemäß gehandelt hat.

ff) Differenzierung der Vorgaben nach Handlungsform nötig

Ergänzend ist darauf hinzuweisen, dass auch das Bundesarbeitsgericht in den die AVE verwerfenden Beschlüssen vom 21. September 2016 betont, dass bei den aus der Anforderung einer hinreichenden demokratischen Legitimation folgenden Vorgaben nach Handlungsformen zu unterscheiden ist. Insbesondere dürfen die für eine Handlungsform erforderlichen Voraussetzungen nicht ohne weiteres und uneingeschränkt auf eine andere Handlungsform übertragen werden[109].

Daher kann daraus, dass die materiellen Voraussetzungen des § 5 TVG zumindest als teilweise erfüllt angesehen werden, nicht gefolgt werden, dass dann statt einer AVE auch eine Erstreckung des Tarifvertrags unmittelbar durch Gesetz erfolgen darf. Vielmehr muss auch dann der Gesetzgeber durch spezifische Vorkehrungen sicherstellen sowie darlegen, dass die besonderen grundrechtlichen und demokratischen Anforderungen an eine Erstreckung eines Tarifvertrags auf Außenseiter gegeben sind.

---

109 Für Rechtsverordnung und AVE BAGE 156, 213 ff. Rn. 163 f.; 156, 289 ff. Rn. 146 f.

gg) Fehlender Typenzwang der Rechtsquellen nicht relevant

Dem kann auch nicht entgegengehalten werden, dass das Bundesverfassungsgericht ausdrücklich ausgeführt hat, dass es einen Typenzwang der Rechtsquellen jedenfalls im Bereich der Regelungen von Arbeits- und Wirtschaftsbedingungen nicht gebe[110], weshalb ein Vertrauen, nur aufgrund einer wirksamen AVE in Anspruch genommen zu werden, nicht schutzwürdig sei[111].

Der Hinweis darauf, dass es einen Typenzwang der Rechtsquellen im Bereich der Regelungen von Arbeits- und Wirtschaftsbedingungen nach Ansicht des Bundesverfassungsgerichts nicht gebe, ist zwar an sich zutreffend. Er ändert aber nichts daran, dass die vom Bundesverfassungsgericht geforderte Kompensation für das Defizit staatlicher Entscheidungsfreiheit bei einem unmittelbaren gesetzlichen Verweis auf tarifvertragliche Regelungen nicht hinreichend sichergestellt ist. Soweit der staatliche Rechtsetzer Tarifverträge auf Außenseiter verbindlich erstreckt, muss er unabhängig vom Typus der Rechtsetzung durch spezifische Vorkehrungen sicherstellen sowie darlegen, dass die besonderen grundrechtlichen und demokratischen Anforderungen an eine Erstreckung eines Tarifvertrags auf Außenseiter gegeben sind; daran fehlt es aber in der vorliegenden Konstellation.

hh) Zwischenergebnis: Ersetzung der AVE durch SoKaSiG unzulässig

Im Ergebnis kann daher festgehalten werden, dass die im SoKaSiG vorgenommene Art der Ersetzung einer unwirksamen AVE dadurch, dass der Gesetzgeber die der AVE zu Grunde liegenden tarifvertraglichen Regelungen unmittelbar in Bezug nimmt, verfassungsrechtlich unzulässig ist. Die Betroffenen waren insoweit in ihrem Vertrauen geschützt, nicht durch eine Regelung in der Art des SoKaSiG in Anspruch genommen zu werden.

---

110 So aber *Engels*, NZA 2017, 680, 683 Fn. 63 mit Verweis auf BVerfGE 44, 322, 346 f.; *Ulber*, NZA 2017, 1104, 1107; wohl auch BAG, Urt. v. 28.08.2019 – 10 AZR 550/18 –, Rn. 25, 32 mit Verweis auf BVerfG, NJW 2000, 3704, 3705.
111 So aber BAG, NZA 2019, 1503, 1508 Rn. 50.

f) Regelung durch SoKaSiG auch im Übrigen nicht erwartbar

Auch unabhängig davon, dass eine Anordnung der tarifvertraglichen Regelungen unmittelbar durch ein Gesetz in der Art des SoKaSiG verfassungsrechtlich nicht zulässig ist, war eine solche Regelung entgegen der Ansicht des Bundesverfassungsgerichts[112] zumindest nicht erwartbar. Denn dass Tarifverträge umfassend unmittelbar durch gesetzliche Verweisung auf Außenseiter erstreckt werden, ist bislang nicht erfolgt und so ungewöhnlich, dass die Betroffenen damit nicht rechnen mussten. Selbst falls ein solches Vorgehen verfassungsrechtlich zulässig wäre, war es auf jeden Fall so ungewöhnlich, dass damit nicht zu rechnen war, weshalb die Möglichkeit eines solchen Vorgehens der Schutzwürdigkeit des Vertrauens in die Rechtslage nicht entgegensteht.

Das im Nichtannahmebeschluss des Bundesverfassungsgerichts vom 11. August 2020 angeführte Argument, dass anerkannt sei, dass der Gesetzgeber rückwirkend eine von ihm abgelehnte Rechtsprechung korrigieren darf[113], greift demgegenüber nicht durch. Denn weder ändert dies etwas an den Voraussetzungen einer Zulässigkeit einer echten Rückwirkung, noch sind die Überlegungen zu dieser Rechtsprechungslinie auf die hier vorliegende Konstellation übertragbar, da hier mit den Tarifverträgen private Vereinbarungen unmittelbar durch Gesetz auf Dritte ausgedehnt werden, was bei der gesetzgeberischen Reaktion auf eine abgelehnte Rechtsprechung so nicht der Fall ist.

2. Überragende Gründe des Gemeinwohls

Gesetze mit echter Rückwirkung sind nach der Rechtsprechung des Bundesverfassungsgerichts grundsätzlich nicht mit der Verfassung vereinbar. Dieser Grundsatz steht einer ausnahmsweisen echten Rückwirkung mit Blick auf das SoKaSiG nicht entgegen, wenn und soweit diese durch überragende Gründe des Gemeinwohls gerechtfertigt ist.

---

112 BVerfG 1 BvR 2654/17 v. 11. August 2020, Rn. 25.
113 BVerfG 1 BvR 2654/17 v. 11. August 2020, Rn. 25 vorletzter Satz.

a) Anforderungen an überragende Gründe des Gemeinwohls

Jenseits des vorstehend behandelten Aspektes der Schutzwürdigkeit kommt für das SoKaSiG eine Rechtfertigung allein aus dem Aspekt in Betracht, dass dessen Regelungen zur Erhaltung der Funktionsfähigkeit der Sozialkassen erforderlich und angemessen sind[114]. Dabei ist zu beachten, dass nicht jedes öffentliche Interesse ein überragender Gemeinwohlgrund ist; vielmehr handelt es sich um eine Reservation, die nur in Ausnahmefällen greift[115].

b) Gesetzesbegründung: Annahme möglicher Gefährdung des Bestands der Sozialkassen

Nach der dem Gesetzesentwurf zu entnehmenden Begründung des SoKaSiG soll ein überragender Gemeinwohlgrund darin zu sehen sein, dass die andernfalls erforderliche Rückabwicklung der in der Vergangenheit gewährten Leistungen den Bestand der Sozialkassen gefährde: In Folge der beiden Entscheidungen des Bundesarbeitsgerichts sei mit einer Inanspruchnahme der Sozialkassen auf Rückzahlung von Beiträgen zu rechnen, wodurch die Funktionsfähigkeit der Sozialkassen gefährdet werden könne[116].

Dabei geht die Gesetzesbegründung explizit davon aus, dass es fraglich sei, ob und in welchem Umfang entsprechende Ansprüche tatsächlich bestünden und realisierbar seien[117]. Allerdings soll bereits der bloße Umstand, dass sich Arbeitgeber gegenüber den Sozialkassen des Baugewerbes Rückforderungsansprüche berühmen, deren belastbarer Inhalt juristisch nicht sicher vorhersehbar ist, den Fortbestand des Sozialkassenverfahrens des Baugewerbes gefährden können[118].

---

114 Dazu auch *Thüsing*, NZA-Beilage 1/2017, 3, 8 f.; *Engels*, NZA 2017, 680, 684 f.; *Berndt*, DStR 2017, 1166, 1169; jew. m.w.N.
115 *Thüsing*, NZA-Beilage 1/2017, 3, 8 f. m.N.
116 BT-Drs. 18/10631, 2.
117 BT-Drs. 18/10631, 2.
118 BT-Drs. 18/10631, 2.

c) Darlegungen des Gesetzgebers nicht hinreichend

Diese Darlegungen sind nicht geeignet, die von einer echten Rückwirkung ausgelöste verfassungsrechtliche Rechtfertigungslast zu erfüllen.

aa) Keine näheren Ausführungen zu rechtlichen oder tatsächlichen Aspekten

Der Gesetzgeber hat seine Annahme, dass ohne das SoKaSiG der Bestand der Sozialkassen möglicherweise gefährdet wäre, nicht hinreichend substantiiert. Eine nähere oder gar weiterführende Begründung dieser Einschätzung durch weitere Ausführungen zum rechtlichen Gehalt der möglichen Ansprüche erfolgt schlicht nicht. Ebenso sind in der Entwurfsbegründung konkretere Abschätzungen zum tatsächlichen Umfang und zur Realisierbarkeit der Ansprüche sowie deren Bedeutung für die Sozialkassen im Baugewerbe nicht ersichtlich.

Stattdessen wird lediglich allgemein darauf verwiesen, dass durch die Entscheidungen des Bundesarbeitsgerichts die tatsächliche Akzeptanz des Sozialkassenwesens im Baugewerbe insgesamt in Mitleidenschaft gezogen werde. Vor diesem Hintergrund sei den Sozialkassen des Baugewerbes aktuell der Einzug noch ausstehender Beiträge erschwert. Dies gelte auch dann, wenn die Beitragsansprüche auf Allgemeinverbindlichkeitserklärungen gründeten, die nach Inkrafttreten der Reform des Rechts der AVE erlassen wurden[119]. Auch zu diesen Ausführungen fehlen aber jedwede konkretere Abschätzung zu den tatsächlichen Schwierigkeiten, deren Umfang und zur Realisierbarkeit der betroffenen Ansprüche.

bb) Defizit im Rahmen des Gesetzgebungsverfahrens gerügt und bekannt

Auf dieses Defizit hatte auch im Rahmen der Ausschussanhörung der den Gesetzesentwurf ablehnende Zentralverband der Deutschen Elektro- und Informationstechnischen Handwerke in seiner Stellungnahme verwiesen. Darin wird explizit ausgeführt, dass die dem Gesetz zugrundeliegende Behauptung einer Bedrohung des Bestandes der Sozialkassen des Baus auf purer Spekulation beruhe[120].

---

119 BT-Drs. 18/10631, 2 f.
120 Ausschussdrucksache 18(11)902 vom 19. Januar 2017, S. 39, 40 ff.

Zur Begründung seiner Ansicht verweist der Zentralverband zum einen darauf, dass die Behauptung der Existenzgefährdung erhoben wurde, bevor die Gründe der Beschlüsse des Bundesarbeitsgerichts überhaupt vorlagen. Was entschieden worden sei und welche Folgen das habe, habe erst nach Zustellung des letzten Beschlusses Mitte Dezember 2016 verlässlich analysiert werden können. Zum anderen könne es eine theoretische Existenzgefährdung der Sozialkassen frühestens nach einer höchstrichterlichen Entscheidung über vermeintliche Rückforderungsansprüche geben. Schließlich seien die möglicherweise erfassten Konstellationen nach ihrem Anteil am gesamten Sozialkassenwesen des Baus und den entsprechenden Ansprüchen bzw. Anspruchssummen zu gering, um die Existenz der Sozialkassen tatsächlich gefährden zu können.

cc) Der Annahme des Gesetzgebers entgegenstehende Überlegungen naheliegend

Der Verweis des Bundesverfassungsgerichts im Nichtannahmebeschluss vom 11. August 2020 auf den Einschätzungs- und Prognosespielraum des Gesetzgebers[121] greift auch im Übrigen nicht durch, da der Annahme des Gesetzgebers entgegenstehende Überlegungen nahe liegen, mit denen er sich zumindest näher hätte auseinandersetzen müssen.

aaa) Rechtliche Grenzen der Rückabwicklung nicht hinreichend berücksichtigt

Tatsächlich lässt die Annahme des Gesetzgebers, dass der Bestand der Sozialkassen als Teil des sozialen Sicherungssystems durch die oben zu Beginn genannten Entscheidungen des Bundesarbeitsgerichts in seiner Existenz gefährdet sei, nähere Auseinandersetzungen zum einen insbesondere damit vermissen, dass die mögliche Rückabwicklung von Leistungen, von denen die Existenzgefährdung ausgehen soll, bereits aus rechtlichen Gründen beschränkt ist.

So hat das Bundesarbeitsgericht in den oben dargestellten Beschlüssen explizit festgehalten, dass Restitutionsklagen bezüglich rechtskräftig abgeschlossener Verfahren aus den betreffenden Jahren ausscheiden[122]. Weiter

---

121 BVerfG 1 BvR 2654/17 v. 11. August 2020, Rn. 28 ff.
122 BAGE 156, 213 ff. Rn. 59 ff.; 156, 289 ff. Rn. 164.

sind Ausschlussfristen und Verjährungen, die der Geltendmachung von Ansprüchen entgegenstehen, einschlägig[123]. Zudem ist insbesondere zu beachten, dass die Sozialkassen die gezahlten Beträge bereits verwendet und damit verbraucht haben, so dass der Einwand der Entreicherung nach § 818 Abs. 3 BGB greift[124].

Darüber hinaus ist zu prüfen, ob gegenseitige Ansprüche aus Rückabwicklung zu saldieren sind, so dass nur Differenzbeträge verbleiben[125]. Auch ist zu klären, ob vorangehende AVE als Rechtsgrund für den Beitragseinzug fortwirken[126] oder eine Rückabwicklung wegen ihrer Komplexität in Anlehnung an die Lehre vom fehlerhaften oder faktischen Arbeitsverhältnis ausgeschlossen ist[127].

Diese Überlegungen mögen zum Teil anspruchsvoll und komplex sein. Allerdings kann aus dieser Komplexität keine Rechtfertigung der Einführung rückwirkender Beitragspflichten zu Lasten der Arbeitgeber folgen[128]. Denn da es um die Rückforderung bereits bezahlter Beträge geht, wirken sich rechtliche – und auch tatsächliche – Unsicherheiten grundsätzlich zu Lasten der einen Anspruch behauptenden Partei aus, also in der vorliegenden Konstellation zu Lasten der Arbeitgeber und zugunsten der Sozialkassen.

Die die Arbeitgeber belastenden Unsicherheiten können aber den Erlass einer gleichfalls zum Nachteil der Arbeitgeber wirkenden, rückwirkenden Regelung nicht rechtfertigen. Vielmehr folgt aus der Rechtfertigungs- und Darlegungslast des Gesetzgebers, dass er Gründe darlegen muss, die entweder die Unsicherheiten hinreichend widerlegen. Oder er muss darlegen, dass auch unter Einstellung der Unsicherheiten sein Handeln gerechtfertigt ist.

---

123 Dazu nur *Emmert*, DB 2016, 2669; *Berndt*, DStR 2017, 1166, 1168; *Bayreuther*, Schriftliche Stellungnahme vor dem Ausschuss für Arbeit und Soziales des Deutschen Bundestages, Ausschussdrucksache 18(11)902), S. 58 li. Sp.; jew. m.w.N.

124 *Berndt*, DStR 2017, 1166, 1168 m.N.

125 *Emmert*, DB 2016, 2669, 2670.

126 *Emmert*, DB 2016, 2669; *Düwell*, jurisPR-ArbR 2/2017 Anm. 1; *Berndt*, DStR 2017, 1166, 1168 m.N.

127 Dazu *Berndt*, DStR 2017, 1166, 1168.

128 So aber *Berndt*, DStR 2017, 1166, 1168.

bbb) Darlegungslast bezüglich Daten und Einschätzungen nur auf
   Versuchslast reduziert

Der Nichtannahmebeschluss des Bundesverfassungsgerichts vom 11. August 2020 nimmt an dieser Stelle an, dass eine neue Situation eingetreten sei, für die keine Daten oder anderen Erfahrungssätze einschlägig seien, weshalb eine weitere Abstützung der Annahmen des Gesetzgebers nicht verlangt werden könne[129].

Diese Schlussfolgerung überzeugt aber nicht, da sie die Rechtfertigungslast des Gesetzgebers zu weitgehend aufhebt. Denn der Gesetzgeber hätte zumindest versuchen können, Daten und konkrete Einschätzungen zu beschaffen, um auf dieser Grundlage zu entscheiden; dies hat er aber nicht getan. Erst dann, wenn derartige Versuche scheitern, kann zu überlegen sein, ob eine plausible Annahme des Gesetzgebers der Rechtfertigungslast einer belastenden echten Rückwirkung genügen kann.

ccc) Weitere entgegenstehende Faktoren

Darüber hinaus liegt insbesondere die Berücksichtigung spezifischer weiterer Faktoren, die die möglichen Rückabwicklungen begrenzen, nahe.

Dazu gehört zunächst, dass eine Rückforderung nicht in Betracht kommt, wenn der Arbeitgeber bereits kraft Tarifbindung, das heißt in Folge der Mitgliedschaft im Arbeitgeberverband, verpflichtet war, die Beiträge zu leisten. Daher darf für die Frage der möglichen Reichweite der Rückforderungsansprüche von vorneherein nicht auf die Gesamtzahl der von den Sozialkasseverfahren erfassten Arbeitnehmer und Arbeitgeber abgestellt werden, sondern nur auf diejenigen, die nicht tarifgebunden sind.

Weiter ist nicht ersichtlich, wie bereits der bloße Umstand des Berühmens von Rückforderungsansprüchen, deren Werthaltigkeit nicht sicher prognostizierbar ist, den Fortbestand der Sozialkassen Bau gefährden soll[130]. Dies ist vor allem fraglich, weil die bereits in der Vergangenheit geführten zahlreichen Auseinandersetzungen, die unter anderem zu den oben dargelegten Entscheidungen des Bundesarbeitsgerichts geführt haben, das Sozialkassensystem offenbar nicht in seinem Bestand gefährdet haben.

---

129 BVerfG 1 BvR 2654/17 v. 11. August 2020, Rn. 28 ff.
130 In diese Richtung aber wohl BVerfG 1 BvR 2654/17 v. 11. August 2020, Rn. 29 f.

Daher ist schließlich auch das Argument, dass die Sozialkassen die zur Abdeckung der Risiken nötigen Rückstellungen aus den laufenden und zweckgebundenen Beiträgen nicht bilden könnten[131], nicht durchgreifend. Zum einen steht die Zweckbindung der Bildung von Rückstellungen nicht entgegen, da sie dem Zweck der Sozialkassen dient bzw. damit hinreichend verbunden ist; es geht um die Abdeckung möglicher Forderungen aus dem Zweckbetrieb. Zum anderen – und zentral – ist der Umfang der nötigen Rückstellungen mit Blick auf die vorstehend dargelegten rechtlichen und tatsächlichen Umstände deutlich kleiner als die Gesetzesbegründung dies möglicherweise hätte nahelegen können, falls sie dazu Ausführungen enthielte – was aber nicht der Fall ist.

Mit Blick auf diese erheblichen Defizite der Gesetzesbegründung wird daher selbst in dem SoKaSiG gegenüber grundsätzlich positiv eingestellten Stellungnahmen in der Literatur explizit festgestellt, dass die in der Rechtsprechung des Bundesverfassungsgerichts anerkannten Fallgruppen einer ausnahmsweise zulässigen echten Rückwirkung, zu denen ausdrücklich auch die Konstellation überragender Belange des Gemeinwohls, die dem Prinzip der Rechtssicherheit vorgehen, gehört, sich auf das SoKaSiG „schwerlich zur Anwendung bringen" lassen[132].

dd) Frage nach eigenständiger Pflicht zur Sachaufklärung bzw. Begründung nicht relevant

Dieses Defizit bei der Erfüllung der verfassungsrechtlichen Rechtfertigungslast kann auch nicht mit dem Hinweis widerlegt werden, dass das Grundgesetz dem Gesetzgeber keine selbständige, von den Anforderungen an die materielle Verfassungsmäßigkeit des Gesetzes unabhängige Sachaufklärungspflicht bzw. Pflicht zur Begründung von Gesetzen auferlege[133]. Denn unabhängig davon, ob der Hinweis an sich zutrifft, geht es in der vorliegenden Konstellation darum, dass der Gesetzgeber die mit den Anforderungen einer echten Rückwirkung verbundene materielle Rechtfertigungslast nicht erfüllt hat. Ob und wieweit eine daneben stehende, selbständige Pflicht zur Sachaufklärung bzw. Gesetzesbegründung besteht, kann daher offengelassen werden.

---

131 BVerfG 1 BvR 2654/17 v. 11. August 2020, Rn. 29. Vgl. dazu auch *Berndt*, DStR 2017, 1166, 1168.
132 So *Engels*, NZA 2017, 680, 684.
133 So aber BAG, NZA 2019, 552, 556 Rn. 44 m.N.

d) Keine Parallele zu Bundesverfassungsgericht zum Verbot von Leiharbeit im Baugewerbe

Vorsorglich ist festzuhalten, dass keine die Rückwirkungen des SoKaSiG stützende Parallele zur Entscheidung des Bundesverfassungsgerichts über das Verbot von Leiharbeit im Baugewerbe[134] gezogen werden kann.

Dem steht bereits entgegen, dass die der Entscheidung des Bundesverfassungsgerichts zu Grunde liegende Konstellation kein Rückwirkungsmoment hatte, weshalb die dazu nötige besondere Rechtfertigung in der Entscheidung auch überhaupt nicht angesprochen wurde. Vielmehr handelte es sich um nicht rückwirkende Eingriffe in die Berufsfreiheit der Betroffenen, die einer diesen Eingriffen entsprechenden Rechtfertigungslast zu genügen hatten.

Im Rahmen der Prüfung geht das Bundesverfassungsgericht zwar davon aus, dass die Sicherung einer stabilen arbeits- und sozialversicherungsrechtlichen Situation abhängig Beschäftigter sowie die Sicherung der finanziellen Stabilität der Träger der Sozialversicherungen wichtige Gemeinschaftsgüter bzw. Gemeinwohlbelange sind[135]. Diese Ausführungen sind aber nicht auf eine – im Fall auch nicht vorliegende – echte Rückwirkung und der dadurch ausgelösten Rechtfertigungslast bezogen, sondern Teil der Überprüfung der Rechtfertigung einer Berufsausübungsregelung, und stehen vor den dann folgenden Prüfschritten der Geeignetheit, Erforderlichkeit und Angemessenheit. Daher sind sie dogmatisch zu qualifizieren als Anforderung an das Regelungsziel einer Berufsausübungsregelung im Rahmen der Drei-Stufen-Lehre. Die damit verbundenen Anforderungen sind aber unabhängig von und eigenständig gegenüber den aus einer Rückwirkung folgenden Rechtfertigungslasten; eine Parallele oder gar Übertragung der Überlegungen scheidet deshalb aus.

Entsprechendes trifft auch auf die mögliche Überlegung zu, den in der Entscheidung des Bundesverfassungsgerichts dargestellten Gestaltungsspielraum des Gesetzgebers[136] auf die Konstellation der echten Rückwirkung zu übertragen. Denn die entsprechenden Überlegungen knüpfen gleichfalls ausdrücklich an nicht-rückwirkende Eingriffe in die Berufsfreiheit an.

Dagegen ist der vorliegend relevante Kontext der einer echten Rückwirkung. Würde der zur Berufsregelung entwickelte und in der Entscheidung

---

134 BVerfGE 77, 84 ff.
135 BVerfGE 77, 84, 107.
136 BVerfGE 77, 84, 106 f.

des Bundesverfassungsgerichts dargelegte Spielraum des Gesetzgebers auf die Konstellation der Rückwirkung übertragen, wären die mit einer echten Rückwirkung verbundenen, besonderen Anforderungen an die Rechtfertigung der Rückwirkung im Ergebnis so weitgehend relativiert und den grundrechtlichen Rechtfertigungslasten angeglichen, dass von Rückwirkungen keine eigenständigen Rechtfertigungslasten ausgingen.

Insbesondere die mit einer echten Rückwirkung verbundenen und im rechtsstaatlichen Vertrauensschutz wurzelnden besonderen Rechtfertigungslasten, die nach Ansicht der ständigen Rechtsprechung des Bundesverfassungsgerichts den Ausnahmecharakter einer zulässigen echten Rückwirkung begründen, wären in der Sache weitestgehend abgeschafft.

Damit scheidet eine Übertragung des zur Berufsregelung entwickelten und in der Entscheidung des Bundesverfassungsgerichts dargelegten Spielraums des Gesetzgebers auf die Konstellation der echten Rückwirkung, die verfassungsrechtlich nur ausnahmsweise zulässig und daher mit hohen Rechtfertigungslasten verbunden ist, aus.

e) Keine Rechtfertigung durch möglicherweise berührte Grundrechte Dritter

Zur Rechtfertigung der Rückwirkung kann schließlich auch nicht auf möglicherweise berührte Grundrechte Dritter verwiesen werden.

Zwar wird in der Literatur zum Teil ausgeführt, dass das SoKaSiG mit der Sicherung der Existenz der Sozialkassen zugleich den durch Art. 14 GG vermittelten Schutz von Anwartschaften gegenüber den Sozialkassen sowie über die Förderung der Arbeitsbedingungen die Berufsfreiheit von Arbeitgebern und Arbeitnehmern mitgeschützt sei[137]. Allerdings wird für eine Rechtfertigung des SoKaSiG durch diese Rechtspositionen vorausgesetzt, dass ohne das SoKaSiG das Sozialkasseverfahren kollabiert[138].

Eben diese Voraussetzung liegt aber so nicht vor: Die dem SoKaSiG zu Grunde liegende Annahme einer Gefahr der Existenz der Sozialkassen ist – wie soeben dargelegt – weder vom Gesetzgeber hinreichend dargelegt worden, noch sonst hinreichend ersichtlich. Daher greift auch der Verweis auf die mit dem Bestand der Sozialkassen möglicherweise verbundenen grundrechtlichen Positionen der am Sozialkasseverfahren Beteiligten nicht.

---

137 *Ulber*, NZA 2017, 1104, 1108.
138 *Ulber*, NZA 2017, 1104, 1108 erster Satz nach der Überschrift zu b).

Zudem ist darauf hinzuweisen, dass selbst unter der – unzutreffenden – Annahme einer Existenzgefährdung des Sozialkasseverfahrens aus den dann möglicherweise berührten, grundrechtlichen Rechtspositionen nicht ohne weiteres eine Rechtfertigung abzuleiten ist. Denn dazu ist erforderlich, dass den jeweils einschlägigen Grundrechten in der konkreten Konstellation eine entsprechende Schutzpflicht zu entnehmen ist, die den Erlass des SoKaSiG gebietet. Da aber den einschlägigen Grundrechten in der Rechtsprechung nur in sehr eng begrenztem Maß Schutzpflichten entnommen werden und selbst bei Erfüllung der entsprechenden Voraussetzungen eine Pflicht des Gesetzgebers zum Erlass eines bestimmten Gesetzes kaum zu begründen sein wird, ist auch unter diesem Aspekt eine Rechtfertigung des SoKaSiG durch möglicherweise berührte Grundrechte Dritter nicht gegeben.

3. Hilfsweise: Ausschluss der Rückforderungen oder Rückabwicklungen hinreichend

Die Rechtfertigung des SoKaSiG scheitert noch an einem weiteren, eigenständigen Aspekt. Denn selbst falls dem Gesetzgeber im Grundsatz gefolgt und in dieser Konstellation – unzutreffenderweise – eine echte Rückwirkung ausnahmsweise als grundsätzlich zulässig angesehen wird, hat der Gesetzgeber mit dem SoKaSiG das erforderliche und damit gerechtfertigte Maß überschritten.

Nach der Begründung und Ausrichtung des SoKaSiG besteht der die gesetzlichen Regelungen rechtfertigende Zweck darin, die Existenz der Sozialkassen Bau dadurch zu schützen, dass die Sozialkassen keine Rückabwicklungen bereits geleisteter Zahlungen vornehmen müssen. Dazu hätte es aber genügt, Rückforderungsansprüche zu verhindern. Nicht erforderlich ist dagegen die Einbeziehung solcher Arbeitgeber, die in der Vergangenheit keine Beiträge gezahlt haben, insbesondere, weil sie von der Rechtswidrigkeit der AVE ausgegangen sind. Da in diesen Fällen keine Beiträge geleistet wurden, droht auch keine Rückabwicklung.

Diese Arbeitgeber einzubeziehen, dient nicht dem vom Gesetzgeber festgelegten Ziel der Verhinderung von Rückforderungsansprüchen[139]. Dazu hätte es genügt, die Rückabwicklung bestehender und insoweit abgeschlossener Leistungsbeziehungen auszuschließen; eben dies wurde im

---

139 *Thüsing*, NZA-Beilage 1/2017, 3, 8 f.

Rahmen des Gesetzgebungsverfahrens in der Anhörung auch deutlich angesprochen[140].

Dass die Einbeziehung bislang nicht Beteiligter erforderlich ist, ist daher vom Gesetzesziel nicht gedeckt. Selbst unter der – oben (unter E.IV.2.c), S. 53 ff.) bereits dargelegten, unzutreffenden – Annahme, dass eine Rückabwicklung der SoKa-Leistungsbeziehungen zu einer Gefährdung der Existenz der Sozialkassen Bau geführt hätte, hätte zur Erreichung des Zieles des Gesetzgebers ein Ausschluss der Rückabwicklung bestehender und insoweit abgeschlossener Leistungsbeziehungen genügt, weshalb die weitergehenden Regelungen des SoKaSiG nicht erforderlich sind.

Dem kann auch nicht entgegengehalten werden, dass die Leistungsansprüche der Arbeitnehmer in der Vergangenheit grundsätzlich nur bestehen, wenn auch ihre Arbeitgeber Beiträge gezahlt haben[141]. Denn selbst unter der Voraussetzung, dass dies aufgrund der einschlägigen tarifvertraglichen Regelungen der Fall ist[142], hätte dies zwar zur Konsequenz, dass den Arbeitnehmern insoweit keine Ansprüche zustünden. Dann entstünde aber auch keine Gefährdung der Leistungsfähigkeit der Sozialkassen durch Rückforderungen, denn diese Gefährdung kann nur auftreten, falls die Sozialkassen nach der Rückabwicklung erfolgter Leistungen im Saldo schlechter stehen als vor der Rückabwicklung.

Und selbst soweit es dennoch zumindest zum Teil zu Rückabwicklungen kommt, bleibt es dabei, dass dann ein Ausschluss der Rückforderungen oder Rückabwicklungen hinreichend ist, nicht aber darüber hinaus die Einbeziehung derjenigen erforderlich ist, die für die streitgegenständliche Zeit noch keine Leistungen gewährt oder erhalten haben und daher auch über keine Rückabwicklungsansprüche gegen die Sozialkassen verfügen.

Rein vorsorglich sei darauf hingewiesen, dass diese ausstehenden und vor Erlass des SoKaSiG zu Recht nicht gezahlten Beiträge auch offenbar nicht zu einer Existenzgefährdung der Sozialkassen geführt haben.

---

140 Zentralverband der Deutschen Elektro- und Informationstechnischen Handwerke, Schriftliche Stellungnahme vor dem Ausschuss für Arbeit und Soziales des Deutschen Bundestages, Ausschussdrucksache 18(11)902), S. 40 re. Sp. Mitte.

141 So aber die Argumentation LAG Hessen, NZA-RR 2017, 485, 493 Rn. 189 ff.; dem folgend *Ulbig*, NZA 2017, 1104, 1108.

142 So offenbar auch BAGE 156, 289 ff. Rn. 164.

4. Hilfsweise: SoKaSiG übermäßig

Schließlich erweisen sich die Regelungen des SoKaSiG zumindest in Bezug auf kleine Unternehmen als übermäßig bzw. unverhältnismäßig.

Grund dafür ist, dass die durch das SoKaSiG aufgestellten Nachzahlungspflichten für kleinere Unternehmen einen dem Umfang nach erheblichen Eingriff in ihre Geschäftstätigkeit darstellen können. Anders als die begünstigten Sozialkassen, die über ein ganz erhebliches Geschäfts- und Finanzvolumen verfügen, kann daher bei einzelnen Unternehmen die Belastung durch das SoKaSiG so groß sein, dass diese im Ergebnis in ihrer Existenz gefährdet werden. Für einen derart intensiven, rückwirkenden Eingriff in den eingerichteten und ausgeübten Gewerbebetrieb fehlt die in der Abwägung erforderliche Rechtfertigung.

Dies gilt insbesondere mit Blick darauf, dass in der Praxis von kleineren Betrieben für die bereits längere Zeit zurückliegenden Vorgänge die nun rückwirkend nötig gewordenen Nachweise benötigt werden, um zu klären, welche Arbeitszeiten und Tätigkeiten die beschäftigten Arbeitnehmer im jeweiligen Kalenderjahr geleistet haben und welche Tätigkeiten zu welchen Anteilen ausgeführt wurden. Die letzte Frage ist von erheblicher Bedeutung insbesondere dafür, ob ein Betrieb nicht dem betrieblichen Geltungsbereich des VTV unterfällt, weil die Arbeitnehmer zu mehr als 50 % ihrer Arbeitszeit eine Tätigkeit ausgeführt haben, die in § 1 Abs. 2 Abschn. VII VTV genannt ist (dazu sogleich noch näher unter G., S. 77 ff.), denn für das Vorliegen einer Ausnahme trägt der Arbeitgeber die Darlegungs- und Beweislast[143]. Ohne Aufzeichnungen oder andere Nachweise ist diese Darlegungs- und Beweislast in der Praxis nur schwer zu erbringen.

Im Ergebnis führt deshalb die rückwirkende Begründung von Zahlungspflichten durch das SoKaSiG in Verbindung mit der Darlegungs- bzw. Beweislast für die Frage der 50 %-Grenze insbesondere bei den kleinen Betrieben, die als Außenseiter bislang nicht an den Sozialkasseverfahren teilgenommen haben, zu unverhältnismäßigen Eingriffen in die Grundrechte der betroffenen Arbeitgeber.

Das hiergegen im Nichtannahmebeschluss des Bundesverfassungsgerichts vom 11. August 2020 gerichtete Argument, dass die Belastung nicht unzumutbar sei, weil mit dem Gesetz allein die Rechtslage festgeschrieben werden sollte, von der die Betroffenen für den Zeitraum vor den beiden

---

143 Dazu sowie zu den Einzelheiten näher BAG, NZA 2019, 1508, 1511 Rn. 25 ff.; BAG, NZA 2019, 1503, 1505 f. Rn. 24 ff.

Urteilen des Bundesarbeitsgerichts vom September 2016 auszugehen hatten[144], trägt – wie oben (unter E.IV.1.b), S. 41 ff.) bereits dargelegt – nicht, u.a. da die Rechtmäßigkeit der AVE bereits zuvor umstritten und Gegenstand von Gerichtsverfahren war, die dann u.a. auch zu den beiden Entscheidungen des Bundesarbeitsgerichts geführt hatten.

Der Vollständigkeit halber sei darauf hingewiesen, dass die mit der rückwirkenden Begründung von Zahlungspflichten verbundenen, auch für den Gesetzgeber absehbaren Nachweisschwierigkeiten den Betroffenen den Schutz ihrer Rechte so erheblich erschwert haben, dass dies auch mit Blick auf die Garantie effektiven Rechtsschutzes bzw. des staatlichen Justizgewähranspruchs nicht zu rechtfertigen ist.

---

144 BVerfG 1 BvR 2645/17 v. 11. August 2020, Rn. 32.

F. Differenzierung der Beiträge nach Gebieten und Art. 3 Abs. 1 GG

Darüber hinaus stellt sich die Frage, ob die durch die Bezugnahme des So-KaSiG auf § 15 VTV erfolgende Unterscheidung der Beiträge nach Gebieten mit dem allgemeinen Gleichheitssatz des Art. 3 Abs. 1 GG vereinbar ist.

I. Prüfungsmaßstab des Gleichheitssatzes

Gemäß Art. 3 Abs. 1 GG sind alle Menschen vor dem Gesetz gleich. Diese Vorgabe wird als allgemeiner Gleichheitssatz verstanden, der auch den Gesetzgeber bindet[145].

1. Grundsätzlicher Prüfungsmaßstab

Die daraus folgenden Anforderungen sind vom Bundesverfassungsgericht im Lauf der Zeit intensiviert worden[146].

Zunächst war der Gleichheitssatzes nur verletzt, wenn sich ein vernünftiger, aus der Natur der Sache ergebender oder sonst sachlich einleuchtender Grund für eine gesetzliche Differenzierung oder Gleichbehandlung nicht finden ließ, also die gesetzliche Regelung willkürlich war[147], da sie evident unsachlich gleich oder ungleich behandelte[148].

In der späteren Rechtsprechung ist der Prüfungsmaßstab dann intensiviert worden in Richtung einer Verhältnismäßigkeit der Ungleichbehandlung, beginnend in Entscheidungen des Ersten Senats des Bundesverfassungsgerichts, denen dann der Zweite Senat im Grundsatz gefolgt ist. Demnach ist der Gleichheitssatz vor allem dann verletzt, wenn eine Gruppe von Normadressaten im Vergleich zu anderen Normadressaten anders

---

145 BVerfGE 1, 14, 52.
146 Dazu mit umfassd. Nachw. *Britz*, NJW 2014, 346 ff.
147 BVerfGE 1, 14, 52; 61, 138, 147; 68, 237, 250; 83, 1, 23; 89, 132, 141.
148 BVerfGE 12, 326, 333; 14, 142, 150; 19, 101, 115; 23, 135, 143; 52, 277, 281; 55, 72, 90; 89, 132, 142; 117, 330, 353; 118, 79, 102.

behandelt wird, obwohl zwischen beiden Gruppen keine Unterschiede von solcher Art und solchem Gewicht bestehen, dass sie die ungleiche Behandlung rechtfertigen können[149].

Diese Überlegungen werden auch an Konstellationen herangetragen, in denen Ungleichbehandlungen verwendet werden als Mittel zur Verfolgung eines Zieles, das jenseits eines bereits bestehenden gleichheitsrechtlichen Sachunterschiedes liegt. Danach ist eine Ungleichbehandlung nur dann verfassungsgemäß, wenn Gründe von solcher Art und solchem Gewicht bestehen, dass sie die Ungleichbehandlung rechtfertigen können[150].

Die aktuelle Rechtsprechung des Bundesverfassungsgerichts integriert das ursprüngliche Willkürverbot und das jüngere Gebot verhältnismäßiger Gleichheit auf einer gleitenden Skala unterschiedlich strenger Anforderungen[151]. Danach ergeben sich aus dem allgemeinen Gleichheitssatz je nach Regelungsgegenstand und Differenzierungsmerkmalen unterschiedliche Grenzen für den Gesetzgeber, die vom bloßen Willkürverbot bis zu einer strengen Bindung an Verhältnismäßigkeitsanforderungen reichen. Die Abstufung folgt dabei aus Wortlaut und Sinn des Art. 3 Abs. 1 GG sowie aus seinem Zusammenhang mit anderen Verfassungsnormen[152].

2. Kriterien zur Bestimmung dieses Prüfungsmaßstabs

In Ausfüllung dieses Ansatzes sind in der Rechtsprechung des Bundesverfassungsgerichts verschiedene, nicht abschließende Aspekte herausgearbeitet worden, die bei der Bestimmung der Prüfungsintensität von Bedeutung sind.

Danach sind dem Gesetzgeber unter anderem umso engere Grenzen gesetzt, je stärker sich die Ungleichbehandlung von Personen oder Sachverhalten auf die Ausübung grundrechtlich geschützter Freiheiten nachteilig auswirken kann[153].

Auch sind die Anforderungen bei einer Ungleichbehandlung von Personengruppen umso strenger, je größer die Gefahr ist, dass eine Anknüpfung

---

149 BVerfGE 55, 72, 88; 71, 39, 58 f.; 120, 125, 144; 124, 199, 219 f.
150 BVerfGE 88, 87, 96.
151 Dazu *Britz*, NJW 2014, 346, 347 ff.; *Nußberger*, in: Sachs, GG, 8. Aufl. 2018, Art. 3 Rn. 25 ff., insbes. Rn. 30; jew. m.w.N.
152 BVerfGE 88, 87, 96; 89, 15, 22; 89, 365, 375; 95, 267, 31; 99, 367, 388.
153 BVerfGE 88, 87, 96; 95, 267, 316 f.; 105, 73, 110 f.; 110, 141, 167; 110, 412, 432; 122, 39, 52; 122, 210, 230.

an Persönlichkeitsmerkmale, die mit denen des Art. 3 Abs. 3 GG vergleichbar sind, zur Diskriminierung einer Minderheit führt[154].

Weiter ist ein strenger Prüfungsmaßstab insbesondere dann angezeigt, wenn eine gesetzliche Regelung zu einer Differenzierung zwischen Personengruppen und nicht lediglich zwischen Sachverhalten führt[155] bzw. wenn die Unterscheidungsmerkmale nicht sachverhalts- oder verhaltensbezogen sind, sondern personenbezogen oder sonst auf eine bestimmte Gruppe zielen bzw. an Merkmale anknüpfen, die für den Einzelnen vorgegeben und individuell nicht oder nur wenig beeinflussbar sind[156].

Aus der umgekehrten Perspektive ergibt sich, dass lediglich eine Willkürprüfung einschlägig ist, wenn das Unterscheidungsmerkmal den Betroffenen nicht in seinen vorgegebenen, unbeeinflussbaren Merkmalen betrifft und den geschützten Kern seiner Individualität nicht erfasst, insbesondere wenn der berührte Bereich nicht unter besonderem anderen grundrechtlichen Schutz steht. Das Bundesverfassungsgericht sieht dies regelmäßig als gegeben an, wenn die Unterscheidungsmerkmale nicht personenbezogen, sondern sachverhaltsbezogen sind[157] sowie nicht in stärkerem Maße grundrechtlich gewährte Freiheiten berühren[158].

3. Weitere Gründe für einen Spielraum des Gesetzgebers

Neben der Frage der grundsätzlichen Prüfungsintensität und – zumindest in Teilen – unabhängig von den dazu genannten Kriterien hat das Bundesverfassungsgericht weitere Gründe anerkannt, die die gerichtliche Kontrolldichte reduzieren und zu einem erheblichen Spielraum des Gesetzgebers führen können.

---

154 BVerfGE 88, 87, 96; 92, 26, 51; 97, 169, 181; 99, 367, 388; 101, 275, 291; 103, 310, 319; 124, 199, 220.
155 BVerfGE 55, 72, 89; 83, 1, 23; 90, 46, 56; 91, 346, 362 f.; 99, 367, 388; 100, 195, 205; 103, 310, 318 f.; 116, 135, 161.
156 *Kischel*, in: Epping/Hillgruber, BeckOK GG, Stand: 42. Ed. (01.12.2019), Art. 3 Rn. 31, 42 ff.
157 BVerfGE 55, 72, 89; 83, 1, 23.
158 BVerfGE 74, 9, 24; 88, 5, 12; 116, 135, 161.

a) Besonderer Einschätzungs- und Bewertungsspielraum

Besonders betont wird der Einschätzungs- und Bewertungsspielraum im Hinblick auf sozialpolitische Entscheidungen[159] sowie auf wirtschaftsordnende Maßnahmen[160]. Auf dem Gebiet der Arbeitsmarkt-, Sozial- und Wirtschaftsordnung kommt dem Gesetzgeber demnach eine erhebliche Gestaltungsfreiheit zu[161]. Nach Ansicht des Bundesverfassungsgerichts räumt das Grundgesetz dem Gesetzgeber in den Bereichen der Arbeits- und Sozialpolitik sowie der Wirtschaftslenkung eine weite Gestaltungsfreiheit bei der Festlegung seiner Ziele[162] wie auch bei der Bestimmung der zur Verfolgung dieser Ziele geeigneten und erforderlichen Maßnahmen ein[163]. Insbesondere hinsichtlich der Frage, ob die vom Gesetzgeber vorgenommene Differenzierung geeignet und erforderlich ist, um den mit ihr angestrebten Zweck zu erreichen, hat er einen prognostischen Einschätzungsspielraum, der erst dann überschritten ist, wenn seine Annahme offensichtlich fehlsam ist[164].

b) Typisierungen und Pauschalierungen

Weiter darf der Gesetzgeber Typisierungen und Pauschalierungen vornehmen. Ein Gesetz muss abstrakt-generell abgefasst sein, weshalb gesetzliche Regelungen stets generalisierend gefasst und daher verallgemeinernd sein müssen[165]. Der Gesetzgeber wird vor allem bei der Ordnung von Massenerscheinungen von einem Gesamtbild ausgehen, das sich aus den ihm vorliegenden Erfahrungen ergibt[166]. Insbesondere darf der Gesetzgeber bestimmte, in wesentlichen Elementen gleich geartete Lebenssachverhalte normativ zusammenfassen und dadurch typisieren[167].

Der Gleichheitssatz verlangt insoweit vom Gesetzgeber keine Berücksichtigung jeder individuellen Besonderheit des Sachverhalts, sondern ge-

---

159 BVerfGE 89, 365, 376.
160 BVerfGE 50, 290, 338.
161 BVerfGE 77, 84, 106; 110, 274, 293; BVerfG, NVwZ 2007, 1168, 1171 f.
162 BVerfGE 37, 1, 21; 46, 246, 257; 51, 193, 208; 81, 156, 189.
163 BVerfGE 53, 1135, 145; 77, 84, 106; 81, 156, 193.
164 BVerfGE 30, 250, 263; 113, 167, 252; 116, 164, 182; 118, 1, 24.
165 BVerfGE 11, 245, 254; 84, 348, 359 f.; 105, 73, 127.
166 BVerfGE 11, 245, 254; 78, 214, 227.
167 BVerfGE 126, 268, 279.

stattet Generalisierungen, Typisierungen und Pauschalierungen[168]. Eine tatbestandliche Schematisierung bzw. Generalisierung derjenigen Gesichtspunkte, die für die Verwirklichung eines bestimmten Sachgerechtigkeitsmaßstabs als maßgeblich anzusehen sind, ist gleichheitsrechtlich nicht zu beanstanden.

Dabei verhindert der Typisierungsgedanke die Verfassungswidrigkeit, soweit der Gesetzgeber hinreichend realitätsgerecht typisiert[169]. Die in der Typisierung liegende Gleichbehandlung ungleicher Fälle wird gerechtfertigt durch Praktikabilität[170], Rechtseinfachheit und Rechtssicherheit[171].

Das zulässige Maß an Pauschalierung und Typisierung kann dabei variieren[172]. Falls die Tatbestandsgestaltung des Gesetzgebers keine weiteren sachlichen Gründe hat und insoweit ohne weiteres gleichheitswidrig, insbesondere systemwidrig ist, nimmt das Bundesverfassungsgericht eine vergleichsweise strenge Kontrolle vor, bei der eine Typisierung grundsätzlich nur zulässig ist, wenn die gesetzliche Regelung regelmäßig nur in besonders gelagerten Fällen Ungleichheiten entstehen lässt und nicht ganze Gruppen von Betroffenen stärker belastet oder bevorzugt[173]. Eine Typisierungsrechtfertigung ist danach im Regelfall nur zulässig, falls entstehende Härten nur unter Schwierigkeiten vermeidbar wären, lediglich eine verhältnismäßig kleine Zahl von Personen betroffen und die Beeinträchtigung des Gleichheitssatzes nicht sehr intensiv ist[174].

Darüber hinaus genügt es, wenn der Gesetzgeber sach- und realitätsgerecht typisiert, also die Regelung nicht am atypischen, sondern am tatsächlich typischen Fall orientiert[175]. Dabei ist es ausreichend, wenn die Vorteile der Typisierung und die daraus folgende Ungleichbehandlung zueinander in einem rechten Verhältnis stehen[176]. Dies ist gegeben, wenn für die Ungleichbehandlung ein vernünftiger, einleuchtender Grund besteht[177].

---

168 BVerfGE 21, 12, 27 f.; 65, 325, 354 f.; 72, 302, 329; 78, 214, 226 f.; 82, 126, 151 f.; 84, 348, 359; 87, 234, 255; 89, 15, 24; 96, 1, 6 f.; 101, 297, 309; 103, 310, 319; 116, 164, 182 f.
169 BVerfGE 126, 268, 279.
170 BVerfGE 17, 337, 354; 44, 283, 288.
171 BVerfGE 72, 302, 329.
172 Dazu näher *Nußberger*, in: Sachs, GG, 8. Aufl. 2018, Art. 3 Rn. 104 ff. m.N.
173 BVerfGE 71, 39, 50; 82, 126, 152.
174 BVerfGE 100, 138, 174.
175 BVerfGE 27, 142, 150; 120, 1, 30; 122, 39, 59; 123, 1, 19.
176 BVerfGE 110, 274, 292; 117, 1, 31; 120, 1, 30; 123, 1, 19; 125, 1, 37.
177 BVerfGE 123, 1, 19.

Dabei ist für die Festlegung des genauen Ausmaßes der Typisierung insbesondere bei komplexer, nur schwer festzustellender Sachlage genügend, dass der Gesetzgeber von zumindest realitätsnahen Ausnahmen ausgeht; ein Rückgriff auf statistische Daten oder eine Einzelerläuterung in der Gesetzesbegründung ist verfassungsrechtlich nicht notwendig[178].

c) Gewährende Staatstätigkeit

Im Bereich der fördernden und gewährenden Staatstätigkeiten kann der Gesetzgeber dabei grundsätzlich eine besonders weitgehende Gestaltungsfreiheit haben. Im Gegenschluss zu der Überlegung, dass die gleichheitsrechtlichen Prüfungsmaßstäbe – wie bei der allgemeinen Prüfungsintensität – strenger sind, wenn sich die Regelung nicht allein auf die gleichheitsrechtliche Stellung des Betroffenen, sondern zugleich auf dessen Ausübung von Freiheitsgrundrechten bezieht[179], kann der Gesetzgeber bei der freiheitsfördernden Gewährung von Leistungen eine größere Gestaltungsfreiheit besitzen als innerhalb der Eingriffsverwaltung[180]. Dabei ist eine deutlich erleichterte Rechtfertigung insbesondere auch einer typisierenden Regelung möglich, falls diese sich in den Ausnahmefällen gerade zugunsten statt zulasten des maßgeblichen Grundrechtsträgers auswirkt, also der jeweilige Einzelne in Folge der Typisierung in den Genuss eines gesetzlich eingeräumten Vorteils gelangt[181].

II. Prüfungsintensität für das SoKaSiG

Mit Blick auf die durch die Bezugnahme des SoKaSiG auf § 15 VTV erfolgende Unterscheidung der Beiträge nach Gebieten ist nicht zu erkennen, dass diese Regelungen eine Differenzierung nach mit Art. 3 Abs. 3 GG vergleichbaren Merkmalen enthalten oder bewirken. Auch ist ein unmittelbarer Personenbezug nicht ersichtlich, da die Regelungsmerkmale sachverhalts- bzw. verhaltensbezogen sind. Sie sind nicht personenbezogen oder stellen auf eine bestimmte personal eingegrenzte Gruppe ab.

---

178 BVerfGE 127, 224, 255 ff.
179 BVerfGE 89, 365, 376; 98, 365, 385; 120, 125, 155, 166.
180 BVerfGE 11, 50, 60; 22, 100, 103; 36, 230, 235; 49, 280, 283; 60, 16, 42; 102, 254, 299, 302 f., 322 f.; 106, 201, 206.
181 BVerfGE 2, 266, 286; 17, 1, 23 f.; 103, 310, 319.

Allerdings führt das SoKaSiG mit der – rückwirkenden – Begründung von Beitragspflichten zu erheblichen Nachteilen für die grundrechtlichen Freiheiten der betroffenen Arbeitgeber (dazu bereits oben unter D., S. 23 ff.). Insbesondere für kleinere Unternehmen können dem Umfang nach für sie ganz erhebliche Forderungen entstehen, die geeignet sein können, ihre wirtschaftliche Existenz in Frage zu stellen. Hinzu kommt die Belastung dadurch, dass insbesondere von kleineren Betrieben für die bereits längere Zeit zurückliegenden Vorgänge in der Regel die nun rückwirkend nötig gewordenen Nachweise für die Frage, ob und wieweit sie unter die Ausnahme des § 1 Abs. 2 Abschn. VII VTV fallen (dazu näher sogleich unter G., S. 77 ff.), kaum zu erbringen sein werden.

Die Eingriffsintensität ist auch nicht deshalb von vornherein reduziert, weil das SoKaSiG auf Tarifverträge verweist. Denn anders als ein Tarifvertrag oder auch eine AVE, die als Rechtsetzungsakt eigener Art an die unter dem Schutz des Art. 9 Abs. 3 GG stehende tarifvertragliche Vereinbarung anknüpft und diese unter den Voraussetzungen des § 5 Abs. 1 TVG, der die Wahrung der Koalitionsfreiheiten der Beteiligten sowie der Außenseiter bzw. Nichtparteien des Tarifvertrags absichern und eine hinreichende demokratische Legitimation herstellen soll (dazu bereits oben unter E.IV.1.e)bb) und cc), S. 45 f.), auf die Außenseiter erstreckt, ist das SoKaSiG als Gesetz im Ausgangspunkt zunächst ein vollständig einseitiger und insoweit autonomer Akt des staatlichen Rechtsetzers (dazu sowie zu den daraus folgenden verfassungsrechtlichen Problemen und Grenzen oben unter E.IV.1.e)cc), S. 46). Daher ist insoweit kein Grund ersichtlich, für das SoKaSiG im Rahmen des Gleichbehandlungsgrundsatzes die verfassungsrechtliche Prüfdichte und Rechtfertigungslast von vornherein auf eine Willkür- bzw. Missbrauchsprüfung zu reduzieren. Die Tatsache, dass das SoKaSiG unwirksame AVE ersetzen soll, ist vielmehr im Rahmen der Rechtfertigung zu berücksichtigen.

Allerdings ist zu beachten, dass das SoKaSiG seiner Zielsetzung nach sozialpolitischen und wirtschaftsordnenden Zwecken dient. Auf dem Gebiet der Arbeitsmarkt-, Sozial- und Wirtschaftsordnung kommt dem Gesetzgeber beim Gleichheitssatz nach ständiger Rechtsprechung des Bundesverfassungsgerichts eine erhebliche Gestaltungsfreiheit zu. Dies soll möglicherweise im Nichtannahmebeschluss des Bundesverfassungsgerichts vom 11. August 2020 in Bezug genommen werden, soweit das Gericht in der Entscheidung bei der Prüfung des allgemeinen Gleichheitssatzes auf den grundsätzlich weiten Spielraum des Gesetzgebers verweist[182]. Hinsichtlich

---

182 BVerfG 1 BvR 2654/17 v. 11. August 2020, Rn. 35 letzter Satz.

der Frage, ob die vom Gesetzgeber vorgenommene Differenzierung geeignet und erforderlich ist, um den mit ihr angestrebten Zweck zu erreichen, hat der Gesetzgeber danach einen Einschätzungsspielraum, der erst dann überschritten ist, wenn seine Annahme offensichtlich fehlsam ist.

III. Prüfung der Differenzierung der Beiträge nach Gebieten

Dennoch ergibt die nähere Prüfung, dass die durch die Bezugnahme des SoKaSiG auf § 15 VTV erfolgende Differenzierung der Beiträge nach Gebieten verfassungswidrig ist.

1. Verweis auf Tarifverträge nicht genügend

Originäre Gründe für diese Differenzierung nach Gebieten werden in der Gesetzesbegründung zum SoKaSiG nicht vorgetragen und sind auch in der Sache so nicht ersichtlich. Die Begrenzung folgt vielmehr daraus, dass das SoKaSiG unwirksame AVE ersetzt und die in Bezug genommenen VTV zwischen den Tarifgebieten differenzieren. Dieser von den Tarifvertragsparteien gewählte Bezugsrahmen und die darin liegende Differenzierung werden im SoKaSiG durch die gesetzliche Verweisung auf die VTV schlicht übernommen.

Anders als bei einem Tarifvertrag fehlt aber bei einer unmittelbaren Regelung durch den Gesetzgeber die einem Tarifvertrag immanente Legitimation durch und Begrenzung auf die Tarifparteien. Die Legitimation einer Differenzierung, die aus den Tarifverträgen heraus wirkt, kann daher nicht zugunsten einer unmittelbaren gesetzlichen Regelung wirken. Dass der Gesetzgeber beim SoKaSiG auf bestimmte Tarifverträge verweist, ändert daran nichts, da der Gesetzgeber insoweit nicht an § 5 TVG gebunden war (zu den daraus resultierenden Problemen und Grenzen näher oben E.IV.1.e)dd), S. 46 ff.).

2. Verweis auf Voraussetzungen einer AVE nicht genügend

Aber auch bei Vorliegen der Voraussetzungen einer AVE kann zur Rechtfertigung nicht lediglich darauf verwiesen werden. Die Grundrechtsbindung des SoKaSiG-Gesetzgebers führt dazu, dass zur Rechtfertigung der Unterschiede nach Gebieten nicht allein darauf verwiesen werden kann, dass der VTV diese Unterschiede vorsieht und die im TVG normierten Voraussetzungen einer AVE vorlagen.

Die im TVG wiedergegebenen Voraussetzungen vermögen allein die mit einer AVE verbundenen Grundrechtseingriffe zu rechtfertigen. Sie stellen ausschließlich darauf ab, ob Gründe bestehen, die es rechtfertigen, dass der Staat die im Tarifvertrag erfolgte Regelsetzung übernimmt und auf Außenseiter ausdehnt, und erfassen daher nicht Beeinträchtigungen der Grundrechte der Außenseiter, die nicht spezifisch auf der AVE beruhen, sondern auf den Regelungen des VTV. Würde hier der Verweis auf die Übernahme bzw. Ausweitung des VTV durch eine AVE genügen, würde die Grundrechtsbindung in der Sache zurückgeschnitten auf eine weit zurückgenommene Kontrolle, wie sie den Regelungen des VTV zwischen den Tarifvertragsparteien entspricht, ohne dass für diese Reduzierung ein rechtfertigender Grund gegeben ist.

Anders gewendet: Die AVE mit ihren im TVG normierten Voraussetzungen reagiert darauf bzw. vermag auszugleichen, dass der Staat zum einen bei der AVE in seinem Gestaltungsspielraum von vornherein insoweit eingeschränkt ist, als er auf den Abschluss eines Tarifvertrags angewiesen ist, zum anderen dass sich die AVE auf die Koalitionsfreiheit vor allem der Außenseiter auswirkt. Durch das Vorliegen der im TVG normierten Voraussetzungen einer AVE wird sichergestellt, dass die mit einer AVE verbundenen Beeinträchtigungen bzw. Abweichungen im Bereich der Anforderungen an die demokratische Legitimation von Normsetzung sowie der Koalitionsfreiheit der Tarifaußenseiter verfassungsrechtlich gerechtfertigt sind. Diese Voraussetzungen haben aber keinen rechtfertigenden Bezug zu anderen, über die Beeinträchtigung der Koalitionsfreiheit hinausgehenden Grundrechtseingriffen, die mit der AVE des VTV verbunden sind. Diese Grundrechtseingriffe müssen deshalb nach den allgemeinen Grundsätzen gerechtfertigt werden, unabhängig von der verfassungsrechtlichen Rechtfertigung der AVE.

Im Ergebnis kann daher zur Rechtfertigung der durch das SoKaSiG erfolgenden Differenzierung nach Gebieten weder auf den Geltungsbereich der Tarifverträge noch auf das Vorliegen der materialen Voraussetzungen zum Erlass einer AVE verwiesen werden[183]. Vielmehr ist eine eigenständige Prüfung nötig, ob die in den Regelungen des SoKaSiG enthaltene Differenzierung zwischen Tarifgebieten mit Blick auf Art. 3 Abs. 1 GG gerechtfertigt ist.

---

183 Vgl. mit Blick auf die auf den VTV bezogenen – unwirksamen – AVE auch *Thüsing*, NZA-Beilage 1/2017, 3, 9.

Dass das SoKaSiG insoweit mögliche Verstöße der VTV gegen Art. 3 Abs. 1 GG nicht heilen kann und soll, wird auch vom Bundesarbeitsgericht so gesehen, und folgerichtig festgehalten, dass die jeweils statisch in Bezug genommenen VTV nur in verfassungskonformem Zustand gelten[184].

Allerdings wird dann in der Folge die Überprüfung des SoKaSiG vollständig zurückgenommen, allein auf eine Überprüfung der Tarifverträge verwiesen und diese dann nicht weiter durchgeführt[185]. Dieses Vorgehen verkennt, dass es für die Wirksamkeit der Zahlungspflichten der Arbeitgeber weiterhin darauf ankommt, dass sowohl das SoKaSiG als auch die Tarifverträge mit Art. 3 Abs. 1 GG vereinbar sind. Daher kann auch nicht offengelassen werden, ob die aus dem Tarifvertrag folgende und durch Verweisung in das Gesetz übernommene Begrenzung auf die alten Bundesländer und Berlin West gerechtfertigt ist.

3. Rechtfertigungslast der Differenzierung nicht erfüllt

Die Frage, ob die Differenzierung der Beiträge nach Gebieten gerechtfertigt ist, wurde vom Bundesarbeitsgericht bislang explizit offengelassen[186]. Auch der Nichtannahmebeschluss des Bundesverfassungsgerichts vom 11. August 2020 geht hier nicht weiter, denn dort wird lediglich ausgeführt, dass das SoKaSiG allein mit der These, dass es für die Differenzierung nach Gebieten keinen Grund gebe, nicht zu erschüttern sei[187]; eine weitergehende Prüfung findet dagegen nicht statt.

Soweit die Frage in der Literatur näher erörtert wird, wird die Differenzierung mit Blick auf Art. 3 Abs. 1 GG kritisch gesehen[188]. Grund dafür ist, dass das SoKaSiG allein an die in Bezug genommenen Tarifverträge anknüpft.

Daran ändert auch nichts, dass nach Ansicht des Bundesarbeitsgerichts zumindest zum Teil in der Sache die Voraussetzungen des TVG, die eine AVE verfassungsrechtlich rechtfertigen können, vorlagen. Denn diese Rechtfertigung betrifft die Anforderungen demokratischer Legitimation

---

184 BAG, NZA 2019, 552, 559 Rn. 66 f.
185 BAG, NZA 2019, 552, 559 Rn. 67.
186 Dazu – im Kontext des SoKaSiG, nach den Annahmen des BAG aber rechtlich davon abgelöst – BAG, NZA 2019, 552, 559 Rn. 66 f.
187 BVerfG 1 BvR 2654/17 v. 11. August 2020, Rn. 35 letzter Satz.
188 *Thüsing*, NZA-Beilage 1/2017, 3, 8; *Linck*, in: Schaub, Arbeitsrechts-Handbuch, 18. Auflage 2019, § 185 Rn. 1.

sowie die Koalitionsfreiheit der Tarifaußenseiter und vermag daher – wie soeben (unter F.III.2., S. 72 ff.) dargestellt – für die Differenzierung nach Gebieten keine rechtfertigende Wirkung zu entfalten.

Zwar ist nicht sicher auszuschließen, dass möglicherweise wirtschaftliche, sozialstrukturelle und tarifpolitische Unterschiede bestehen, die eine Differenzierung, wie sie dem § 15 VTV zu Grunde liegt, eventuell rechtfertigen könnten. Es fehlen aber entsprechende Darlegungen, denen eine solche Rechtfertigung zu entnehmen sein könnte. Der Normsetzer ist deshalb der aus der Ungleichbehandlung folgenden Rechtfertigungslast, die zu einer Darlegungs- und Begründungsobliegenheit führt, nicht nachgekommen. Er hat sich bei der AVE offenbar allein auf eine Rechtfertigung durch die in Bezug genommenen Tarifverträge und die Voraussetzungen einer AVE nach den Vorgaben des TVG gestützt.

Der dem VTV zu Grunde liegende Vertragskonsens mag zwar für die Tarifvertragsparteien ein hinreichender Grund zur Rechtfertigung der Differenzierung sein, nicht aber für Tarifaußenseiter, die den Regelungen des VTV erst durch die Erstreckung der Regelungen qua AVE unterfallen. Die damit ausgelöste ungeschmälerte Grundrechtsbindung erfordert eine eigenständige, über die Tatsache des Tarifvertragsschlusses hinausgehende Differenzierungsrechtfertigung. Da eine solche Rechtfertigung nicht erfolgte, kann auch nicht kontrolliert werden, ob sie verfassungsrechtlich valide wäre.

Im Ergebnis fehlt deshalb für die Differenzierung der Beiträge nach Gebieten die nach einer AVE erforderliche Rechtfertigung.

IV. Verfassungswidrigkeit auch des SoKaSiG

Der aus der Differenzierung der Tarifgebiete folgenden Verfassungswidrigkeit des SoKaSiG kann auch nicht entgegengehalten werden, dass die Ungleichbehandlung auf dem in Bezug genommenen VTV beruhe, weshalb die Folge der Verfassungswidrigkeit auf die Tarifverträge zu beschränken sei und nicht das SoKaSiG betreffe[189].

Diese Annahme verkennt zum einen, dass die Bezugnahme des SoKaSiG auf die Tarifverträge ohne derartige Einschränkungen oder Begrenzungen erfolgt, also die benannten tarifvertraglichen Normen vom Gesetzgeber inhaltlich voll übernommen werden. Eine Begrenzung in der Art, dass die in

---

189 So aber jüngst BAG, Urt. v. 30. Oktober 2019 – 10 AZR 38/18 –, Entscheidungsgründe unter II.3.e)bb) Rn. 32.

Bezug genommenen tarifvertraglichen Normen nur in verfassungskonformem Zustand gelten, ist den Regelungen des SoKaSiG weder nach ihrem Wortlaut noch nach Systematik, Genese und Zweck zu entnehmen.

Insbesondere kann der Regelung des § 11 SoKaSiG eine solche Begrenzung nicht entnommen werden. Gemäß § 11 SoKaSiG gelten die tarifvertraglichen Rechtsnormen, auf die verwiesen wird, unabhängig davon, ob die Tarifverträge wirksam abgeschlossen wurden. Die Regelung blendet damit die Frage des wirksamen Abschlusses aus. Nicht dagegen werden Fragen ausgeschlossen, die jenseits des Abschlusses liegen, wozu auch die inhaltliche Rechtmäßigkeit der Regelungen der Tarifverträge gehört, die abgeschlossen wurden oder werden sollten. Dass die in Bezug genommenen Tarifverträge aufgrund § 11 SoKaSiG nur in verfassungskonformem Zustand gelten[190], ist daher der Regelung des § 11 SoKaSiG nicht zu entnehmen.

Dieses Ergebnis ist auch deshalb zwingend, weil eine solche Beschränkung bzw. Bedingung des Bezugs verfassungsrechtlich nicht zulässig ist, denn sie führte zur Unbestimmtheit der Regelungen. Eine Beschränkung bzw. Bedingung mit dem Inhalt, dass die Geltung von Regelungen unter der Bedingung bzw. dem Vorbehalt der Rechtmäßigkeit der Regelungen steht, setzt die Geltung in Abhängigkeit von einer umfassenden Prüfung bzw. – gerichtlichen oder anderweitigen – Entscheidung, die für den Normadressaten rechtsstaatlich nicht hinreichend sicher absehbar ist; eine solche Geltungsbedingung bzw. Geltungsbegrenzung wäre daher verfassungswidrig.

Insgesamt bleibt es daher dabei, dass die Differenzierung der Tarifgebiete zur Verfassungswidrigkeit des SoKaSiG führt.

---

190 So BAG, Urt. v. 30. Oktober 2019 – 10 AZR 38/18 –, Entscheidungsgründe unter II.3.e)bb) Rn. 32.

G. Weiter betrieblicher Anwendungsbereich

Zudem ist zu prüfen, ob das SoKaSiG durch die Bezugnahme auf § 1 Abs. 2 VTV einen betrieblichen Anwendungsbereich hat, der in der von der Rechtsprechung angenommenen Weite nicht zu rechtfertigen ist.

I. Betrieblicher Anwendungsbereich des SoKaSiG

1. Baubegriff nach Rechtsprechung

Die betriebliche Reichweite der Normen des SoKaSiG wird durch den Bezug auf den VTV unter anderem bestimmt durch den dabei verwendeten Baubegriff.

Der VTV erfasst zum einen das Erstellen von Bauten im Sinne von § 1 Abs. 2 Abschnitt I VTV, zum anderen das Erbringen von baulichen Leistungen, die die der Erstellung, Instandsetzung, Instandhaltung, Änderung oder Beseitigung von Bauwerken im eigentlichen Sinne dienen, vgl. § 1 Abs. 2 Abschnitt II VTV.

Diese Voraussetzungen werden in der ständigen Rechtsprechung des Bundesarbeitsgerichts sehr weit ausgelegt. Das Bundesarbeitsgericht ist der Ansicht, dass die Tarifvertragsparteien mit ihrer Formulierung in § 1 Abs. 2 Abschnitt II VTV nicht nur das Hauptgewerbe erfassen wollten, sondern auch das Ausbaugewerbe und das Bauhilfsgewerbe. Dementsprechend wird die Regelung des § 1 Abs. 2 Abschnitt VII VTV so verstanden, dass damit eine Reihe von Betrieben des Ausbaugewerbes ausdrücklich vom Geltungsbereich wieder ausgenommen werden, was allerdings überflüssig wäre, wenn sie ohne diese Ausnahmeregelung nicht unter den Geltungsbereich des VTV fielen[191]. Insoweit prüft das Bundesarbeitsgericht die bauliche Prägung nicht mehr als eigenes Tatbestandsmerkmal. Nach der Rechtsprechung des Bundesarbeitsgerichts ist die bauliche Prägung der Arbeiten des Ausbaugewerbes automatisch immer vorhanden, weil diese „auch" zu denjenigen des Baugewerbes gehören.

Damit verwandelt das Bundesarbeitsgericht selbst typische Arbeiten zum Beispiel des Elektroinstallationsgewerbes zu „Sowohl-als-auch-Tätig-

---

191 BAG, NZA 1991, 241.

keiten", da solche Arbeiten auch zu denjenigen des Baugewerbes in Form des Ausbaugewerbes gehörten. Eine typische Tätigkeit zum Beispiel des Elektroinstallationsgewerbes kann dann nicht mehr von vornherein festgestellt werden.

Vielmehr ist erforderlich, dass der Charakter der überwiegend ausgeführten Tätigkeiten ermittelt wird. Die Abgrenzung richtet sich insbesondere danach, ob die „Sowohl-als-auch-Tätigkeiten" von Fachleuten des ausgenommenen Gewerks angeleitet und verrichtet werden. Werden sie von Fachleuten eines Baugewerbes oder von ungelernten Arbeitskräften durchgeführt, ist regelmäßig eine Ausnahme vom Geltungsbereich des VTV abzulehnen[192].

Der derart ausgeweitete Baubegriff wird dann in der Anwendung auf die verschiedenen Konstellationen noch einmal dadurch erweitert, dass die Rechtsprechung den „Bau" eines Gebäudes vom „Betrieb" eines Gebäudes nicht unterscheidet. Stattdessen wird – ohne Bezug zu Wortlaut, Systematik und Zweck der Regelung des § 1 Abs. 2 VTV – jedwede Tätigkeit an einem Gebäude unter den Begriff der „Instandhaltung" subsumiert mit der Folge, dass jede Tätigkeit an einem Gebäude letztlich als Bautätigkeit erfasst wird. Damit werden ganze Tätigkeitsbereiche, die (wie zum Beispiel das Facility Management) von ihrem Gepräge her sowohl in Fach- als auch in allgemeinen Verkehrskreisen als von Bauerrichtung und Bauinstandhaltung deutlich zu unterscheidende Bereiche angesehen werden, umfassend und undifferenziert dem Bereich des VTV zugeordnet.

2. Ausnahmen nach Rechtsprechung

Der Ausnahmekatalog des § 1 Abs. 2 Abschn. VII VTV wird dagegen eng gehandhabt. Die Regelung setzt nach Ansicht des Bundesarbeitsgerichts voraus, dass arbeitszeitlich zu mehr als der Hälfte der Gesamtarbeitszeit Tätigkeiten ausgeübt werden, die einem der Tatbestände des Ausnahmekatalogs zuzuordnen sind. Bezugsgröße ist dabei zwar einerseits die Gesamtarbeitszeit; verschiedenen Ausnahmetatbeständen zuzuordnende Tätigkeiten sind aber andererseits nach Ansicht des Bundesarbeitsgerichts nicht zusammenzurechnen[193].

Die Darlegungs- und Beweislast dafür, dass die restriktiven Voraussetzungen der Ausnahme vorliegen, trägt zudem der sich auf die Ausnahme

---

192 So jüngst BAG, NZA 2019, 1508, 1509 Rn. 27 m.N.
193 BAG, NZA 2019, 1508, 1509 Rn. 30 m.N.

berufende Arbeitgeber. Erforderlich ist der Vortrag von Tatsachen, die den Schluss zulassen, dass die beschäftigten Arbeitnehmer im jeweiligen Kalenderjahr zu mehr als 50 % ihrer Arbeitszeit eine der Tätigkeiten ausgeführt haben, die in § 1 Abs. 2 Abschn. VII VTV genannt sind[194].

3. Im Zusammenspiel weiter betrieblicher Geltungsbereich

Das Zusammenspiel des weiten Baubegriffs mit den eng verstandenen Ausnahmetatbeständen führt dazu, dass nicht baugewerbliche Handwerke zu einem großen Teil vom VTV und damit vom SoKaSiG miteingeschlossen werden. Da nach Ansicht des Bundesarbeitsgerichts verschiedenen Ausnahmetatbeständen zuzuordnende Tätigkeiten nicht zusammenzurechnen sind, sondern getrennt behandelt werden müssen, können Arbeitgeber dem betrieblichen Geltungsbereich des VTV und damit des SoKaSiG selbst dann unterfallen, wenn zwar der ganz überwiegende Teil der Arbeitszeit Tatbeständen des Ausnahmekatalogs zuzuordnen ist, dabei aber nicht mehr als die Hälfte der Gesamtarbeitszeit auf einen Ausnahmetatbestand entfällt.

Die dieser Zuordnung inhärenten Widersprüchlichkeiten können durch ein einfaches Beispiel konkretisiert werden. Wenn ein im Bereich des Facility Managements tätiger Arbeitgeber 52 gewerbliche Arbeitnehmer des Gas- und Wasserinstallationsgewerbes, des Zentralheizungsbauer- und Lüftungsbauergewerbes sowie des Klimaanlagenbaues (die ihre Tätigkeiten allein in ihrem Gewerk und ohne Rückausnahmen im Sinne von § 1 Abs. 2 Abschn. IV und Abschn. V VTV verrichten) und daneben 48 Maler, Maurer und Trockenbauer beschäftigt, fällt er insgesamt, also mit sämtlichen Tätigkeiten, nach der Rechtsprechung des Bundesarbeitsgerichts nicht unter den Baubegriff. Stellt der Arbeitgeber 5 Elektriker ein, fällt er nun insgesamt, also mit sämtlichen Tätigkeiten, unter den Baubegriff, und dies, obwohl sich für die übrigen Beschäftigten und deren Tätigkeiten keinerlei Veränderungen ergeben haben. Sollte der Arbeitgeber sich dagegen – möglicherweise eben wegen der Zuordnung zum Baubegriff – für eine Zusammenarbeit mit einer selbständigen Elektrofirma entscheiden, sind beide Arbeitgeber keine Baubetriebe, obwohl die ausgeführten Tätigkeiten sich bis auf die Alternative der Einstellung von Elektrikern nicht unterscheiden.

---

194 BAG, NZA 2019, 1503, 1505 f. Rn. 25.

II. Verfassungsrechtliche Rechtfertigungserfordernisse und
Prüfungsmaßstäbe

Diese Handhabung des VTV führt zu der Frage, ob die Regelungen des So-
KaSiG auf der Grundlage des vom Bundesarbeitsgerichts angenommenen
Inhaltes des VTV verfassungskonform sind.

Für die vorliegende Konstellation sind dabei zum einen die Vorgaben
des allgemeinen Gleichheitssatzes zu beachten, die einer Ungleichbehandlung Grenzen setzen.

Da zudem in Folge der ausgelösten Beitragspflichten die Freiheitsgrundrechte der Außenseiter einschlägig sind, ist zum anderen das Kohärenzgebot zu berücksichtigen.

1. Anforderungen des Gleichheitssatzes

Für den verfassungsrechtlichen Prüfungsmaßstab des Gleichheitssatzes (dazu näher bereits oben unter F.I., S. 65 ff.) ist zwar zuzugestehen, dass der
Normgeber bei sozialpolitischen Entscheidungen und wirtschaftsordnenden Maßnahmen einen erheblichen Einschätzungs- und Bewertungsspielraum hat. Insbesondere hinsichtlich der Fragen, ob die vom Normgeber
vorgenommene Differenzierung geeignet und erforderlich ist, um den mit
ihr angestrebten Zweck zu erreichen, hat der Normgeber einen prognostischen Einschätzungsspielraum. Auch darf der Normgeber Typisierungen
und Pauschalierungen vornehmen, insbesondere bestimmte, in wesentlichen Elementen gleich geartete Lebenssachverhalte normativ zusammenfassen und dadurch typisieren.

Allerdings unterliegen diese Spielräume gewissen Grenzen. Zum einen
ist der prognostische Einschätzungsspielraum dann überschritten, wenn
seine Annahme offensichtlich fehlerhaft ist[195]. Zum anderen muss der
Normgeber hinreichend realitätsgerecht typisieren[196], wobei er für die
Festlegung des genauen Ausmaßes der Typisierung insbesondere bei komplexer, nur schwer festzustellender Sachlage genügen kann, dass der
Normgeber von zumindest realitätsnahen Ausnahmen ausgehen muss[197].

---

195 BVerfGE 30, 250, 263; 113, 167, 252; 116, 164, 182; 118, 1, 24.
196 BVerfGE 126, 268, 279.
197 BVerfGE 127, 224, 255 ff.

2. Anforderungen des Kohärenzgebotes bzw. des Gebotes folgerichtiger Ausgestaltung

Das Bundesverfassungsgericht hat in seiner jüngeren Rechtsprechung das verfassungsrechtliche Gebot einer kohärenten bzw. folgerichtigen Ausgestaltung gesetzlicher Regelungen entwickelt. Die normative Grundlage dieser Anforderungen ist nicht stets hinreichend klar: Neben dem allgemeinen Rechtsstaatsprinzip wird gelegentlich auf den allgemeinen Gleichheitssatz sowie die freiheitsgrundrechtlichen Anforderungen an die Verhältnismäßigkeit von Eingriffen verwiesen. Nach Ansicht des Bundesverfassungsgerichts erfordert das Verfassungsrecht insoweit, dass der Gesetzgeber insbesondere seine selbst gesetzten Grundentscheidungen folgerichtig umsetzen und ausgestalten muss[198]. Ausnahmen von der Grundentscheidung müssen mit einem besonderen sachlichen Grund gerechtfertigt werden[199].

Die in dieser Hinsicht bislang höchste Kontrolldichte wurde vom Bundesverfassungsgericht in der Entscheidung zum Rauchverbot in Gaststätten aufgestellt[200]. Im Rahmen dieser Entscheidung wirkten sich Ausnahmen von einem – verfassungsrechtlich zulässigen – strikten Schutzkonzept so aus, dass sie als Relativierung der Bedeutung der mit dem Schutz verfolgten Interessen angesehen wurden. Deshalb kam diesen Interessen im Rahmen der Rechtfertigung der durch das mit Ausnahmen versehene Verbot erfolgten Freiheitseingriffe deutlich weniger Gewicht zu. Dies hatte zur Folge, dass die verbliebenen Freiheitseingriffe als übermäßig und deshalb verfassungswidrig angesehen wurden[201].

Diese weitgehenden Anforderungen und ihre Begründung sind allerdings sowohl in zwei Sondervoten zur Nichtraucherschutzentscheidung[202] als auch in der Literatur[203] erheblich kritisiert worden.

Wohl auch vor diesem Hintergrund hat das Bundesverfassungsgericht die entsprechenden Anforderungen mittlerweile erheblich relativiert und

---

198 BVerfGE 99, 88, 95; 99, 280, 290; 105, 73, 125 f.; 107, 27, 46 f.; 116, 164, 180 f.; 117, 1, 30 f.; 121, 317, 362, 367 f.; 122, 210, 231; 123, 111, 120.
199 Dazu nur BVerfGE 122, 210, 231.
200 BVerfGE 121, 317 ff.
201 BVerfGE 121, 317, 365 ff.
202 BVerfGE 121, 317, 378 ff. sowie 381 ff.
203 Vgl. dazu nur *Kischel*, AöR 124 [1999], 174, 193 ff.; *Bäcker*, DVBl. 2008, 1180, 1183 f.; *Lepsius*, JZ 2009, 260, 261 f.; *Bumke*, Der Staat 49 [2010], 77, 93 ff.; *Dann*, Der Staat 49 [2010], 630 ff.; *Cornils*, DVBl. 2011, 1053, 1056 ff.; *Payandeh*, AöR 136 [2011], 578, 589 ff.; *Grzeszick*, VVDStRL 71 [2012], S. 49, 55 ff.; jew. m.w.N.

in der Sache auf den Prüfungsmaßstab des Art. 3 Abs. 1 GG zurückge-führt[204]. Im Grundsatz betont das Gericht nun, dass das Verfassungsrecht, namentlich die Grundrechte der Bürger, einen allgemeinen Rahmen für die weitgehende Gestaltungsfreiheit des Gesetzgebers bilden.

Bei der Ausgestaltung der Entscheidungen des Gesetzgebers binden zwar die verfassungsrechtlichen Anforderungen an Folgerichtigkeit und Verhältnismäßigkeit die Ausübung der gesetzgeberischen Freiheit an ein hinreichendes Maß an Rationalität und Abgewogenheit. Allerdings ver-letzt eine gesetzliche Abweichung von einer Grundentscheidung des Ge-setzgebers grundsätzlich nur noch dann das aus Art. 3 Abs. 1 GG folgende Gebot folgerichtiger Ausgestaltung, wenn sich kein sachlicher Grund für diese Abweichung finden lässt, die von der Grundentscheidung abwei-chende Vorschrift also als willkürlich zu bewerten ist[205].

III. Unzureichende Rechtfertigung

Die vorstehend skizzierten verfassungsrechtlichen Vorgaben sind vor allem mit Blick darauf von Relevanz, dass bei der vom SoKaSiG in Bezug genom-menen Regelung des § 1 Abs. 2 Abschn. VII VTV nach der Rechtsprechung des Bundesarbeitsgerichts ein weiter Baubegriff zu Grunde zu legen ist. Für die Frage hingegen, ob zu mehr als der Hälfte der Arbeitszeit Tätigkei-ten ausgeübt werden, die einem der Tatbestände des Ausnahmekatalogs zuzuordnen sind, ist als Bezugsgröße die Gesamtarbeitszeit zu nehmen, die den verschiedenen Ausnahmetatbeständen zuzuordnenden Tätigkeiten sind aber nicht zusammenzurechnen.

1. Reichweite der Rechtfertigung für und durch Bautätigkeit

Der von der Rechtsprechung verwendete weite Baubegriff ist verfassungs-rechtlich nicht haltbar, da er weder dem Wortlaut noch dem Zweck des VTV entspricht.

Der VTV erfasst zwar neben dem Bauhauptgewerbe auch das BaunEben-gewerbe, das Ausbaugewerbe und das Bauhilfsgewerbe. Jedoch steht im-mer der Bau eines Gebäudes im Zentrum, nicht dessen Betrieb. Dies ist auch sachlich zwingend, da nur dann der Zweck des VTV hinreichend ein-

---

204 BVerfGE 123, 111, 119 ff.
205 BVerfGE 123, 111, 122 f.

schlägig ist. Sachlicher Grund für die Sozialkassen sind häufige Arbeitsunterbrechungen vor allem wegen der Winterpausen, häufiger Arbeitgeberwechsel sowie harte körperliche Arbeit, die unter anderem zu einer regelmäßig früheren Verrentung führt. All diese sachlichen Gründe treffen auf den bloßen Betrieb eines Gebäudes, der im Zentrum der Tätigkeiten des Facility Managements steht, nicht zu. Anders als Bautätigkeiten fallen die dort bewältigten Tätigkeiten grundsätzlich und regelmäßig konstant an, mit Blick auf Heizungsausfälle sogar eher verstärkt im Winter. Auch besteht der größte Teil der anfallenden Tätigkeiten aus leichteren körperlichen Tätigkeiten sowie aus Fahrzeiten, nicht dagegen aus den die Bautätigkeit kennzeichnenden Tätigkeiten mit schwerer körperlicher Belastung.

Die Verpflichtung eines Facility Management Dienstleisters zur Zahlung in die Bau-Urlaubskasse ist daher offensichtlich fehlsam, weil eine konstante Auslastung und Anstellung der Mitarbeiter erfolgt, witterungsbedingte Arbeitsausfälle nicht bestehen, und die körperliche Belastung nicht übermäßig ist. Zudem haben die Verträge mit den Gebäudeinhabern in der Regel eine längere Laufzeit, die Bauzeiten deutlich übersteigt; auch aus diesem Grund erfolgen die Anstellungen konstant.

2. Reichweite der Rechtfertigung durch Vermeidung von Tarifpluralität

Tragender Grund dafür, dass verschiedenen Ausnahmetatbeständen zuzuordnende Tätigkeiten nicht zusammengerechnet werden, ist die Vermeidung von Konflikten zwischen unterschiedlichen Tarifverträgen. Sinn und Zweck von § 1 Abs. 2 Abschn. VII VTV ist nach ständiger Rechtsprechung des Bundesarbeitsgerichts, Tarifkonkurrenz und Tarifpluralität zu vermeiden[206].

Diese kann aber nur dann eintreten, wenn die entsprechende Tätigkeit ihrerseits dem betrieblichen Geltungsbereich eines anderen Tarifvertrags unterfallen kann, was wiederum voraussetzt, dass überwiegend Tätigkeiten des Gewerbezweigs verrichtet werden, den dieser Tarifvertrag betrieblich erfasst.

Dieser Regelungszweck greift aber nicht ohne weiteres für Tarifaußenseiter. Denn für diese entsteht ein Konflikt nicht bereits durch die Normen des VTV, da dieser für sie keine Bindungswirkung hat. Vielmehr kann ein Konflikt nur dann entstehen, wenn der VTV für sie durch das SoKaSiG –

---

206 Sazu sowie zum Folgenden BAG 10 AZR 646/93 juris-Rn. 44 ff.; BAG 10 AZR 73/09 juris-Rn. 18.

oder sonst eine AVE – verbindlich geworden ist, und wenn der andere Tarifvertrag entweder als Tarifvereinbarung unmittelbar oder durch eine AVE bindet.

Und auch dann ist eine Tarifpluralität nur dann gegeben, wenn überwiegend Tätigkeiten des Gewerbzweiges verrichtet werden, den dieser Tarifvertrag betrieblich erfasst. Sind dagegen die auf die unterschiedlichen Tarifverträge entfallenden Tätigkeitsanteile jeweils nicht überwiegend, fallen die Tätigkeiten nicht in den betrieblichen Anwendungsbereich der jeweiligen Tarifverträge und droht auch keine Pluralität von Tarifverträgen. Vielmehr wären die entsprechenden Tätigkeiten dann nicht tarifvertraglich gebunden.

3. Zur Rechtfertigung durch Vermeidung von Tarifflucht bzw. fehlender Tarifbindung

Daher bleibt insoweit allein eine Rechtfertigung durch Vermeidung von fehlender Tarifbindung. Eine solche Rechtfertigung vermag verfassungsrechtlich nicht zu überzeugen.

Zwar mag es sein, dass die Tarifvertragsparteien beim Abschluss des VTV dieses Ziel mitverfolgt haben. Dies ändert aber nichts daran, dass aus der Sicht des Tarifaußenseiters an die Normen des SoKaSiG die für Gesetzesnormen üblichen verfassungsrechtlichen Maßstäbe anzulegen sind; der Wille der Tarifvertragsparteien kann hier über eine AVE und deren Voraussetzungen hinaus keine legitimierende bzw. rechtfertigende Wirkung entfalten.

Mit Blick auf diesen Maßstab zeigt sich, dass die Vermeidung von Tarifflucht die Auslegung des § 1 Abs. 2 Abschn. VII VTV dahin, dass Tätigkeiten arbeitszeitlich zu mehr als der Hälfte der Gesamtarbeitszeit im jeweiligen Ausnahmebereich ausgeübt werden müssen, verfassungsrechtlich nicht rechtfertigen kann. Denn bei dieser Auslegung werden Bereiche erfasst, bei denen der sachliche Regelungszweck des über das SoKaSiG in Bezug genommenen VTV – die Besonderheiten des Baugewerbes mit häufig wechselnder unterjähriger Beschäftigung und früher Verrentung aufzufangen – nicht oder nicht in dieser Intensität vorliegen. Daher ist die Vermeidung von Tariflosigkeit kein die Auslegung von § 1 Abs. 2 Abschn. VII VTV rechtfertigendes Ziel.

Tatsächlich kann auch der Rechtsprechung des Bundesarbeitsgerichts zumindest mittelbar entnommen werden, dass bei der Auslegung von § 1 Abs. 2 Abschn. VII VTV die Möglichkeit einer Tariflosigkeit kein zentraler, tragender Grund ist. Im Rahmen des Verfahrens BAG 10 AZR 73/09 war von den Vertretern der Sozialkasse ausdrücklich vorgebracht worden, dass der Ausschluss der Zusammenrechnung dem Ziel diene, eine „Flucht aus allen tarifvertraglichen Bindungen" zu verhindern[207]. Dieser explizit erwähnte Rechtfertigungsgrund ist dann aber vom Bundesarbeitsgericht seiner Entscheidung nicht zu Grunde gelegt worden. Vielmehr hat das Bundesarbeitsgericht das Verständnis der Ausnahmeregelung und den Ausschluss der Zusammenrechnung nur mit dem Ziel der Vermeidung von Tarifkonkurrenz und Tarifpluralität begründet.

Diese Aspekte vermögen aber – wie dargelegt – einen umfassenden Ausschluss der Zusammenrechnung nicht zu rechtfertigen. Soweit keine Tarifpluralität besteht bzw. droht, ist es sachlich vielmehr geboten und konsequent, für die Ausnahmetatbestände auf die Gesamtarbeitszeit aller Ausnahmebereiche abzustellen. Denn jenseits von Tarifpluralität ist entscheidend, dass auch dann, wenn erst in der Zusammenrechnung der Tätigkeiten in den verschiedenen Ausnahmebereichen überwiegend außerhalb des Baubereichs gearbeitet wird, die Tätigkeit überwiegend in Bereichen erfolgt, in denen die mit der Bautätigkeit verbundenen und die Errichtung der Sozialkassen rechtfertigenden Probleme der häufig wechselnden unterjährigen Beschäftigung und frühen Verrentung nicht in vergleichbarem Maß auftreten bzw. nicht ebenso intensiv prägend sind wie dies im Baubereich der Fall ist.

4. Beachtung der Sachgerechtigkeit verfassungsrechtlich geboten

Dass diese Kriterien der Sachgerechtigkeit insbesondere für die auch Tarifaußenseiter bindenden VTV von verfassungsrechtlicher Bedeutung sind, kann auch der Entscheidung des Bundesverfassungsgerichts zur Frage der Verfassungsmäßigkeit von AVE gemeinsamer Einrichtungen der Tarifpartner im Baugewerbe entnommen werden[208]. Im Rahmen dieser Entscheidung adressiert das Bundesverfassungsgericht mit Blick auf die aus Art. 3 Abs. 1 GG folgende Rechtfertigungslast einer AVE im Verhältnis zu den nicht erfassten Tätigkeitsbereichen ausdrücklich, dass die Sachgerechtigkeit der Regelungen, die die Zuständigkeit des VTV und damit auch der AVE bestimmen und damit begrenzen, verfassungsrechtlich geboten ist[209].

---

207 BAG 10 AZR 73/09 juris-Rn. 4 am Ende.
208 BVerfGE 55, 7 ff.
209 BVerfGE 55, 7, 25.

5. Verletzung des Gleichheitssatzes und der Freiheitsgrundrechte bzw. des Kohärenzgebotes

Für die vorliegende Fragestellung ist demnach festzuhalten, dass durch das SoKaSiG insoweit erheblich unterschiedliche Sachverhalte gleichbehandelt werden, ohne dass dies sachlich gerechtfertigt ist. Für die durch das SoKa-SiG gebundenen Tarifaußenseiter ist nicht gerechtfertigt, dass der Ausnahmekatalog des § 1 Abs. 2 Abschn. VII VTV voraussetzt, dass in ihm arbeitszeitlich zu mehr als der Hälfte der Gesamtarbeitszeit Tätigkeiten ausgeübt werden, also Bezugsgröße insoweit die Gesamtarbeitszeit ist, aber verschiedenen Ausnahmetatbeständen zuzuordnende Tätigkeiten nicht zusammengerechnet werden.

Infolge des Zusammenspiels des weiten, funktionalen Baubegriffs mit den engen Ausnahmeregelungen geht der VTV über die branchentypischen – die Sozialkassen und damit den VTV rechtfertigenden – Probleme des Baugewerbes hinaus, und greift auf andere Bereiche zu, die aber nicht durch die im Baubereich besonders stark vorhandenen Probleme der häufig wechselnden unterjährigen Beschäftigung und frühen Verrentung geprägt sind.

Die Kombination eines weit verstandenen Begriffs der baulichen Leistung im Sinne von § 1 Abs. 2 Abschnitt II VTV, der nach der einschlägigen Rechtsprechung auch „sowohl-als auch"-Leistungen erfasst, mit einer engen Handhabung der Ausnahmen, die nach der einschlägigen Rechtsprechung nur dann greifen sollen, wenn arbeitszeitlich zu mehr als der Hälfte der Gesamtarbeitszeit Tätigkeiten ausgeübt werden, die einem der Tatbestände des Ausnahmekatalogs zuzuordnen sind, überschreitet damit den Einschätzungs- und Bewertungsspielraum bzw. die Typisierungsbefugnis des Normgebers und ist deshalb gleichheitswidrig bzw. inkohärent. Der derart weit verstandene betriebliche Anwendungsbereich des VTV erweist sich als nicht verfassungsgemäß.

Da das fehlerhaft enge Verständnis der Ausnahmeregelung dazu führt, dass der betriebliche Anwendungsbereich der Regelungen des SoKaSiG auf Bereiche erstreckt wird, in denen die nötige Rechtfertigung gegenüber Tarifaußenseitern nicht gegeben ist, sind auch die damit verbundenen Eingriffe in die Freiheitsgrundrechte der Tarifaußenseiter verfassungswidrig.

IV. Verfassungswidrigkeit auch des SoKaSiG

Der aus dem betrieblichen Anwendungsbereich folgenden Verfassungswidrigkeit des SoKaSiG kann auch nicht entgegengehalten werden, dass
der betriebliche Anwendungsbereich auf den in Bezug genommenen Tarifverträgen beruhe, weshalb die Folge der Verfassungswidrigkeit auf die Tarifverträge zu beschränken sei und nicht das SoKaSiG betreffe[210]. Denn
wie zuvor (unter F.IV., S. 75 f.) bereits dargelegt, erfolgt die Bezugnahme
des SoKaSiG auf die Tarifverträge ohne derartige Einschränkungen oder
Begrenzungen, und wäre eine solche Beschränkung bzw. Bedingung des
Bezugs verfassungsrechtlich nicht zulässig.

Insgesamt bleibt es daher dabei, dass der weite betriebliche Anwendungsbereich und die Begrenzung der Ausnahmen zur Verfassungswidrigkeit des SoKaSiG führen.

V. Mögliche Abhilfen

Wie gezeigt, beruht die Verfassungswidrigkeit des betrieblichen Anwendungsbereichs des SoKaSiG auf dem Zusammenspiel eines weit verstandenen Baubegriffs und einer engen Handhabung der Ausnahmemöglichkei-
ten.

Dem entsprechend kann ein verfassungsgemäßer Zustand dadurch erreicht werden, dass der Begriff der baulichen Leistung enger gefasst bzw.
verstanden wird, indem zum Beispiel die „sowohl-als auch"-Rechtspre-
chung aufgegeben sowie „Bau" und „Instandhaltung" eines Gebäudes vom
„Betrieb" eines Gebäudes unterschieden werden.

Eine andere Möglichkeit zur Herstellung insoweit verfassungskonformer Verhältnisse besteht darin, die Ausnahmen so weit zu fassen bzw. –
gegebenenfalls im Wege verfassungskonformer Auslegung – zu verstehen,
dass die auf verschiedene Ausnahmetatbestände entfallenden Arbeitszeiten
zumindest in den Konstellationen zusammengerechnet werden, in denen
keine Tarifpluralität besteht bzw. droht.

---

210 Vgl. dazu BAG, Urt. v. 30. Oktober 2019 – 10 AZR 38/18 –, Entscheidungsgründe unter II.3.e)bb) Rn. 32.

H. Verfassungsmäßigkeit von Regelungen des VTV nach AVE

Die vorstehenden Ergebnisse führen zudem zur Frage, ob jenseits des So-KaSiG die Regelungen der für allgemeinverbindlich erklärten VTV zur Bestimmung des betrieblichen Anwendungsbereichs sowie zur Differenzierung zwischen Tarifgebieten verfassungsgemäß sind.

I. Verfassungsrechtlicher Maßstab für Tarifvertragsnormen nach einer AVE

Hinsichtlich des verfassungsrechtlichen Maßstabs für die Überprüfung von Normen ist zwischen den VTV, der AVE, den VTV nach einer AVE und dem zuvor angesprochenen SoKaSiG zu unterscheiden.

1. Unterscheidung zwischen VTV, AVE und SoKaSiG

Das SoKaSiG ist eine gesetzliche Regelung, die statisch auf die VTV Bezug nimmt, weshalb die Regelungen des SoKaSiG der üblichen verfassungsrechtlichen Kontrolldichte für Gesetze unterfallen.

Hinsichtlich der VTV besteht dagegen insoweit lediglich eine zurückgenommene verfassungsrechtliche – vor allem grundrechtliche – Prüfungsdichte, als die VTV unmittelbar nur zwischen den Tarifvertragsparteien gelten und diese nicht unmittelbar grundrechtsgebunden sind[211].

Die AVE selbst ist dagegen wiederum ein staatlicher Rechtsakt, bei dem der Staat ohne weiteres an das einschlägige Verfassungsrecht und dabei nach Art. 1 Abs. 3 GG an die Grundrechte gebunden ist[212].

---

211 Dazu nur BAGE 163, 144; BAG 10 AZR 856/15 Rn. 29; BAG 10 AZR 549/18 Rn. 44; jew. m.w.N.
212 BAG 10 AZR 549/18 Rn. 45.

2. Grundrechtsbindung eines VTV nach AVE

Umstritten ist, ob diese Bindung sich auf die AVE beschränkt, oder ob sie auch die für allgemeinverbindlich erklärten Tarifverträge erfasst[213].

Teile der Literatur gehen davon aus, dass lediglich die AVE der unmittelbaren Grundrechtsbindung unterfalle, weil es sich nur insoweit um einen staatlichen Rechtsetzungsakt handle[214]. Der Tarifvertrag selbst unterliege deshalb auch nach einer AVE nur der Kontrolle, die auch ohne eine AVE bestünde[215].

Andere Teile der Literatur verweisen demgegenüber darauf, dass die AVE als staatlicher Rechtsetzungsakt nach Ziel und Wirkung darauf ausgerichtet ist, die Tarifaußenseiter zu binden, die an der Aushandlung des Tarifvertrags nicht beteiligt waren und insoweit Dritte sind. Daher ist nicht nur die AVE ein staatlicher Akt, sondern haben auch die durch die AVE für allgemeinverbindlich erklärten Tarifverträge für Außenseiter den Charakter eines staatlichen Rechtssatzes; ebenso unterliegen die tarifvertraglich geprägten Normen der üblichen verfassungsrechtlichen Prüfung[216].

Auf dieser zutreffenden Grundlage geht die ständige Rechtsprechung gleichfalls davon aus, dass die für allgemeinverbindlich erklärten Tarifnormen der Bindung an die Grundrechte nach Art. 1 Abs. 3 GG unterliegen[217]. Nach der AVE eines Tarifvertrags kommen dessen Rechtsnormen auch für die nicht organisierten Arbeitgeber und Arbeitnehmer, soweit sie unter den Geltungsbereich des Tarifvertrags fielen, zur Geltung. Bei der Normsetzung durch die Tarifvertragsparteien handelt es sich daher um Gesetzgebung im materiellen Sinn[218].

---

213 Dazu sowie zum Folgenden BAG 10 AZR 549/18 Rn. 45 ff. m.N.
214 *Dieterich*, in: FS Schaub, 1998, S. 117, 132; *Höfling*, in: Sachs, GG 8. Aufl. 2018, Art. 1 Rn. 100; *Starck*, in: Mangoldt/Klein/Starck, GG, 7. Aufl. 2018, Art. 1 Abs. 3 Rn. 255; *Jacobs*, in: Wiedemann, TVG, 8. Aufl. 2019, Einleitung Rn. 383; *Jarass*, in: Ders./Pieroth, GG, 15. Aufl. 2018, Art. 1 Rn. 51; *Schmidt*, in: Erfurter Kommentar zum Arbeitsrecht, 20. Aufl. 2020, Einleitung GG Rn. 23.
215 *Schliemann*, in: FS Wiedemann, 2002, S. 543, 549.
216 *Dreier*, in: Ders., GG, 3. Aufl. 2013, Art. 1 Abs. 3 Rn. 41; *Lakies*, in: Däubler, TVG, 4. Aufl. 2016, § 5 Rn. 52; *Hamacher/van Laak*, in: Münchener Anwaltshandbuch Arbeitsrecht, 4. Aufl. 2017, § 70 Rn. 23; *Klumpp*, in: Münchener Handbuch Arbeitsrecht, 4. Aufl. 2019, § 226 Rn. 12; im Ergebnis wohl auch *Herdegen*, in: Maunz/Dürig, GG, Art. 1 Abs. 3 [Stand März 2019] Rn. 114, der als Prüfungsgegenstand die durch die Erklärung bewirkte Erstreckung ansieht.
217 BVerfGE 55, 7, 21; vgl. auch BAGE 74, 226, 234 f.; BAGE 164, 201 ff. Rn. 67; BAG 10 AZR 38/18 Rn. 32.
218 BVerfGE 55, 7, 21 m.N.

Da Gegenstand der weiteren Überlegungen Regelungen des VTV nach einer AVE in ihrer Wirkung gegenüber Tarifvertragsaußenseitern sind, unterliegen diese Regelungen der für staatliche Normsetzungen üblichen Grundrechtsbindung.

II. Konsequenz: Verfassungswidrigkeit aus den zum SoKaSiG dargelegten Gründen

Da der VTV nach einer AVE der für staatliche Normsetzung üblichen Grundrechtsbindung unterliegt, greifen auch die daraus folgenden, zum SoKaSiG näher dargelegten Einwände gegen die Differenzierung der Beiträge nach Gebieten sowie gegen den weiten betrieblichen Anwendungsbereich durch: Für die in § 15 VTV geregelte Differenzierung der Beiträge nach Gebieten fehlt die erforderliche Rechtfertigung, und die aus der Rechtsprechung des Bundesarbeitsgerichts zu § 1 Abs. 2 VTV folgende Erstreckung des betrieblichen Anwendungsbereichs ist übermäßig und inkohärent bzw. sachwidrig.

I. Zusammenfassung der Ergebnisse

1. Das SoKaSiG begründet eigenständige Pflichten für sonst nicht bzw. nicht so tarifgebundene Arbeitgeber und greift mit den Beitragspflichten zumindest in die allgemeine Handlungsfreiheit ein.

2. Darüber hinaus können die Beitragspflichten als Eingriffe in die Berufsfreiheit, die Koalitionsfreiheit und die Eigentumsgarantie angesehen werden.

3. Das SoKaSiG enthält mit den Beitragspflichten Belastungen mit echter Rückwirkung.

4. Die Rechtslage vor Inkrafttreten des SoKaSiG war zur Begründung von Vertrauensschutz generell geeignet, da die vor Inkrafttreten des SoKaSiG einschlägigen Rechtsnormen des Arbeitsrechts und des allgemeinen Zivilrechts nicht ausgesprochen vorläufig waren und daher auch nicht den Charakter eines Provisoriums hatten.

5. Die betroffenen Arbeitgeber mussten auch nicht damit rechnen, dass eine unwirksame AVE durch eine neue AVE rückwirkend wirksam ersetzt wird, da ein solches Vorgehen unzulässig war.

6. Dass ein Gesetz auf einen Tarifvertrag verweist oder sonst unmittelbar Bezug nimmt und damit den Regeln des Tarifvertrags Gesetzeswirkung verleiht, kann verfassungsrechtlich zulässig sein.

7. Allerdings folgen aus der verfassungsrechtlich gebotenen Rücksicht auf die Koalitionsfreiheit der Tarifparteien und der Außenseiter sowie aus den zwingenden Anforderungen an die nötige demokratische Legitimation, dass für eine solche Ausweitung der Geltung tarifvertraglicher Normen spezifische Vorkehrungen errichtet und beachtet werden, wie dies zum Beispiel in § 5 TVG und § 7 Abs. 1 AEntG erfolgt ist.

8. Das SoKaSiG enthält weder entsprechende spezifische Vorkehrungen, noch nähere Darlegungen zur inhaltlichen Beachtung der entsprechenden verfassungsrechtlichen Pflichten.

9. Der Verweis auf die mögliche Einhaltung der materiellen Voraussetzungen zum Erlass einer AVE nach den Vorgaben des TVG ändert daran nichts, da er auf das Handeln der Exekutive ausgerichtet ist.

10. Unabhängig davon, dass eine Anordnung der tarifvertraglichen Regelungen unmittelbar durch ein Gesetz in der Art des SoKaSiG verfassungsrechtlich nicht zulässig ist, war eine solche Regelung zumindest nicht erwartbar.

11. Die Rückwirkung des SoKaSiG ist auch nicht durch überragende Gründe des Allgemeinwohls gerechtfertigt, da der Gesetzgeber eine Gefährdung des Bestands der Sozialkassen nicht hinreichend dargelegt hat.

12. Der Verweis auf möglicherweise berührte Grundrechte Dritter ändert daran nichts. Zudem ist nicht ersichtlich, dass den jeweils einschlägigen Grundrechten entsprechende konkrete Schutzpflichten entnommen werden können.

13. Selbst falls die Existenz der Sozialkassen in Folge der Entscheidungen des Bundesarbeitsgerichts gefährdet war, wäre ein Ausschluss der Rückforderungen oder Rückabwicklungen zur Abwendung der Existenzgefährdung hinreichend gewesen.

14. Zudem sind die Regelungen des SoKaSiG zumindest in Bezug auf kleine Unternehmen übermäßig, da die Nachzahlungspflichten für diese Unternehmen existenzgefährdend sein können und für die bereits längere Zeit zurückliegenden Vorgänge die erforderlichen Nachweise, insbesondere mit Blick auf § 1 Abs. 2 Abschn. VII VTV, in der Regel nicht mehr hinreichend zu erbringen sind.

15. Weiter verstößt das SoKaSiG wegen der Differenzierung der Beiträge nach Gebieten gegen Art. 3 Abs. 1 GG, da der Verweis auf die Tarifverträge sowie das Vorliegen der Voraussetzungen einer AVE zur Rechtfertigung dieser Differenzierung nicht genügt und der Gesetzgeber auch im Übrigen die aus der Ungleichbehandlung folgende Rechtfertigungslast nicht erfüllt hat.

16. Die daraus folgende Verfassungswidrigkeit ist nicht auf die Tarifverträge begrenzt, sondern betrifft auch das SoKaSiG.

17. Schließlich ist das SoKaSiG insoweit verfassungswidrig, als der weit verstandene Baubegriff der in Bezug genommenen Tarifverträge im Zusammenspiel mit den eng verstandenen Ausnahmen zu einem betrieblichen Anwendungsbereich führt, der nicht mehr vom Einschätzungs- und Bewertungsspielraum oder der Typisierungsbefugnis des Gesetzgebers gedeckt ist.

18. Diese Ausweitung des betrieblichen Anwendungsbereichs des SoKaSiG ist übermäßig und inkohärent bzw. sachwidrig.

19. Die daraus folgende Verfassungswidrigkeit ist wiederum nicht auf die Tarifverträge begrenzt, sondern betrifft auch das SoKaSiG.

20. In Bezug auf den betrieblichen Anwendungsbereich kann ein verfassungsgemäßer Zustand unter anderem dadurch erreicht werden, dass entweder der Begriff der baulichen Leistung enger gefasst bzw. verstanden wird, zum Beispiel die „sowohl-als auch"-Rechtsprechung auf-

gegeben wird, oder die Ausnahmen weiter gefasst bzw. verstanden werden, zum Beispiel die auf verschiedene Ausnahmetatbestände entfallenden Arbeitszeiten zusammengerechnet werden.

21. Die Regelungen des VTV unterliegen nach einer AVE zumindest für die mit der AVE gebundenen Tarifaußenseiter der für staatliche Normsetzungen üblichen Grundrechtsbindung.

22. In der Konsequenz greifen daher die zum SoKaSiG dargelegten verfassungsrechtlichen Einwände gegen die Differenzierung der Beiträge nach Gebieten sowie gegen den weiten betrieblichen Anwendungsbereich auch gegen den VTV nach einer AVE.

Stichwortverzeichnis